KB211833

95학번은 저에게 큰 아들과 같은 존재들입니다. 95학번인 윤천수 목사님께서 두 번째 책을 내게 된 것을 축하드립니다. 정직한 연애를 추구하는 아름다운 모습이 글 속에 담겨 있어서 많이 인상적이었습니다.

-한동대학교 초대총장 김영길 박사

놀라운 언어 유희를 가지고 재밌고 유익한 설교를 하는 청소년과 청년 사역에 은사를 가지신 윤천수 목사님의 두 번째 결혼지침서인 〈야곱과라헬 데이팅〉을 미혼청년들과 미혼청년들의 부모들에게 추천을 합니다.

-말씀교회 담임,베스트셀러 〈전도는 어명이다〉의 저자 김두식 목사

아름다운 사랑의 실천 사항을 구체적으로 수록한 책입니다. 확실히 젊고 감성적인 글로 많은 찔림과 감동을 주는 책입니다. 심리 상담학적으로도 가치가 있는 글들이 많아서 유익했습니다.

-한국청소년상담학회 수련감독 윤인 교수

하나님이 원하시는 사랑에 대해서 구체적으로 알게 되어서 기쁩니다. 어떻게 사랑을 해야 하는지 어떤 것을 포기해야 하는지 실화를 통해 경험을 통해 알려주셔서 감사합니다.

-박중현 형제

내용들이 간결하면서, 독자들이 참 이해하기 쉽도록 구성이 되어 있습니다. 기존의 이성교제 서적들이 이론에 취중한 반면 실제적인 사례를 실었고 고백에서 결혼,이별,성문제까지 모든 사랑에 관한 문제를 다룬 백과사전과 같습니다.

-박성희 자매

나는 기도하면서 배우자를 찾아야 한다고 생각합니다. 다른 책에서 깊이 있게 다루지 않은 야곱과 라헬의 사랑에 대해서 알게 되었고 부족한 야곱과 같은 나도 하나님이 사랑하시고 인도하신다는 글을 보면서 감동을 받고 자신감을 가지게 되었습니다.

-이종원 형제

청소년과 젊은이들만 볼 수 있는 책이 아니라 전 연령층이 볼 수 있는 책이여서 더 좋았습니다. "하나님을 인격적으로 만나고 하나님이 내 삶의 주인이 되어주신 후에 이성을 만나야 한다"라는 구절이 마음에 들었습니다.

-이예나 자매

배 | 우 | 자 | 찾 | 기

야곱과 라헬
데이팅

JACOB
RACHEL
DATING

윤천수 지음

가나북스

2018년 01월 15일 초판 발행
지은이 윤천수
펴낸이 배수현
디자인 유재헌
홍　보 배성령
제　작 송재호
펴낸곳 가나북스 www.gnbooks.co.kr
출판등록 제393-2009-12호
전 화 031-408-8811(代)
팩 스 031-501-8811
ISBN 979-11-86562-74-1(03230)

　요즘의 미디어를 보면 다양한 가족관계와 다양한 연애관계를 볼 수가 있습니다. 얼마전에 방영했던 〈이번 생은 처음이라〉라는 드라마에서는 집주인과 세입자가 서로의 목적을 위해서 동거를 하게 됩니다. 물론 드라마이지만 그래도 이처럼 세상의 사랑은 최신의 사랑을 추구하며 변화하고 있습니다. 그런데 세상의 미디어를 통해 나오는 선정적인 사랑과 영상을 통해 믿는 자들의 양심이 무디어져 가고 있습니다. 그렇습니다. 세상의 미디어는 우리의 영적 감각을 무디어 가게 만들고 있습니다. 세상의 철학으로 물든 사랑은 비성경적인 사랑입니다. 세상의 철학은 우리를 타락으로 몰아갑니다. 그렇습니다. '최신의 사랑'이 반드시 '최선의 사랑'이 될 수 있는 것은 아닙니다.

　하나님을 믿는 우리는 신랑 되시는 예수님의 신부로써 거룩한 사랑을 지켜나가야 합니다. 저도 많이 부족하지만 여러 상담의 경험을 통해 겪은 이야기와 말씀을 통해 빠른 길이 아닌 바른 연애의 길을 제시하고자 합니다. 또한 만연한 데이트폭력과 성범죄에 대한 해법을 제시하고자 합니다. 살인은 사람을 한 번 죽이지만 성폭행은 사람을 산채로 죽이는 것입니다. 또한 성폭력 피해자는 과거의 아픔이 떠오를 때마다 계속 죽어가는 것입니다. 우리는 충분히 이런 성범죄를 예방할 수 있습니다. 함께 동참해 주시기 바랍니다.

〈저출산은 저출력의 대한민국을 만듭니다!〉

저는 연애를 하면서 깨달은 점에 대해 블로그에 글을 썼습니다. 그런데 예상외의 호응을 얻었습니다. 그후 저는 CTS기독교TV 교육원에서 열린 제1기 결혼상담전문가 과정을 수료하였습니다. 그리고 갓피플명품결혼예비학교에서 강의를 하게 되었습니다. 그후 저는 본격적으로 크리스천의 이성교제, 성교육, 결혼 전문강사로 사역하게 되었습니다. 또한 우리나라의 저출산 문제에 대해 고민을 하게 되었습니다. 부족하지만 여러 가지 고민과 경험과 상담사례가 담긴 저의 글을 끝까지 읽어주시길 부탁드립니다.

〈사람과 사람의 만남은 소우주와 소우주의 만남입니다!〉

방문객 / 정현종

사람이 온다는 건
실은 어마어마한 일입니다.
그는
그의 과거와
현재와
그리고
그의 미래가 함께 오기 때문입니다.
한사람의 일생이 오기 때문입니다.
부서지기 쉬운
그래서 부서지기도 했을
마음이 오는 것입니다.
그 갈피를 아마 바람은 더듬어 볼 수 있을 마음,
내 마음이 그런 바람을 흉내 낸다면
필경
환대가 될 것입니다.
그렇습니다. 한 사람이 나에게 다가온다는 것은 실

로 어마어마한 일입니다. 왜냐하면 그 사람은 하나
님이 나에게 보낸 사람이며 그 사람은 하나님의 계
획을 그 마음에 담고 나에게 다가오기 때문입니다.
그래서 우리의 기도의 바람이 그 사람을 나에게 인
도해 주어야 합니다. 그것이 아름다운 연애이며 그
것이 아름다운 결혼입니다. 사람이 다가온다는 것
은..사랑이 다가온다는 것은 그래서 실로 어마어마
한 하나님의 놀라운 계획인 것입니다.

Part 01 크리스스천의 이성교제

Chapter 1 모두를 성장시키는 연애법 11

Chapter 2 자존감을 가지고 이웃을 대하기 35

Chapter 3 야곱과 라헬 연애법 63

Part 02 크리스스천의 성윤리

Chapter 4 성스러운 성,상스러운 성 103

Part 03 성경적인 배우자 찾기

Chapter 5 합당한 배우자 기도법 141

Chapter 6 야곱과 라헬 결혼법 171

Chapter 7 배우자 훈련을 받읍시다! 217

Part 04 요일별로 기도하는 배우자 기도문

크리스천의
이성교제

[외로움과 괴로움]

하나님을 떠나 외로울 때 사람을 만나면 괴로워지고
인생이 괴로워도 하나님을 붙잡으면 하나님의 은혜가 나의 외로움을 삼키
게 됩니다.

[나눔과 소통]

서로간의 나눔은 나뉨을 방지하고 서로간의 소통은 고통을 줄여줍니다.

[썸]

실패한 썸은 외로운 섬과 같습니다. 썸을 길게 타면 탈수록 두 사람의 마음
도 같이 타들어 갑니다.

[사랑의 계단]

계단을 올라갈 때 우리는 위를 쳐다 보게 됩니다. 이성친구와 사귐을 시작
하여 사랑의 계단을 올라갈 때는 하늘을 바라보십시오. 그런데 계단을 내려
갈 때 우리는 반드시 아래를 쳐다 보고 내려가게 됩니다. 위를 쳐다보고 계
단을 내려가면 넘어지게 됩니다. 나의 잘못으로 인해 이성친구와 헤어져서
사랑의 계단을 내려 올 때는 하나님께 고개를 숙이고 자신의 잘못된 사랑을
회개하며 기도하시기 바랍니다.

[쏠로를 위한 '메마른 뼈들에 생기를']

"저 죽어가는 내 형제에게 여친을 주소서
모쏠의 권세에 매여 미팅을 빼앗긴 저들에게
저 사랑없는 텅빈 가슴에 여친을 주소서"

Chapter

01

모두를 성장시키는 연애법

JACOB
RACHEL
DATING

1. 남녀의 심리를 활용한 고백법

"강하고 담대하라 두려워하지 말며 놀라지 말라 네가 어디로 가든지 네 하나님 여호와가 너와 함께 하느니라"(여호수아 1:9)

우리는 두려움 때문에 사랑의 고백을 망설이는 경우가 많이 있습니다. '저 사람이 날 좋아하고 있을까?' 우리는 미궁 속에 빠지게 됩니다. 특히 자매들의 고민이 이만저만이 아닙니다. 그렇다면 그 해결법을 찾아보고자 합니다. 이제 고백에 관한 5가지 사항에 대해 살펴보고자 합니다.

01 | 세상에 숨길 수 없는 것은 재채기와 사랑입니다.

남자가 여자를 진정 사랑하게 되면 남자가 여자에게 반드시 직접적으로 고백을 합니다. 자매들 중에 어떤 형제를 좋아하고 있는 자매가 있습니까? 여자는 꽃입니다. 그렇다면 먼저 우리의 태양이 되시는 하나님만 바라보시길 바랍니다. 당신의 개성을 살리길 바랍니다. 당신이 당신의 고유한 향기를 발하면 당신에게 맞는 나비(남자)가 당신에게 날아올 것입니다. 남자들이여! 좋아하는 사람이 있다면 고백을 하시기 바랍니다. 하지만 당신이 여자라면 '고백'을 하지 말고 '접근'을 하시기 바랍니다.

여자의 '고백'은 다음과 같습니다. "오빠! 좋아해요. 영화 보여주세요"

여자의 '접근'은 다음과 같습니다. "오빠! 요즘 재미있는 영화 없어요?"

이게 바로 접근입니다. 그 남자가 나를 잘 볼 수 있도록 그 남자에게 한발짝 다가가는 것이 접근입니다.

남자는 정복욕이 있습니다. 그래서 쉽게 얻어진 여자친구를 우습게 보는 경우가 있습니다. 그리고 더 높은

봉우리를 바라보고 바람을 피는 경우도 있습니다. 다시 말씀드립니다. 대체로 여자가 남자한테 먼저 고백하면 남자가 여자를 가볍게 보는 경우도 많습니다. 왜냐하면 남자는 정복욕이 있어서 쟁취하려고 하는 특성이 있기 때문입니다. 쉽게 얻어진 것은 귀중히 여기지 않는 그런 습성이 남자에게 있는 것입니다.

02 | 남성 여러분! 여성이 안정감을 누리는 곳에서 고백을 하십시오.

고백을 함에 있어서 시간과 때를 선별하는 것도 중요한 점입니다. 보통 여자는 자신이 안정감을 누리는 곳에서 고백을 받을 때 고백에 대한 긍정적인 응답률이 높아집니다. 여자가 어떤 까페를 좋아한다면 그 여자의 단골 까페에서 고백을 하십시오. 여자의 심리는 다음과 같습니다. 여자는 안정감을 추구하는 욕구가 있습니다. 그렇기 때문에 안정감을 취하는 공간에서 고백을 받을 때 마음이 편해져서 남자의 제안을 받아들이게 되는 것입니다. 저녁 시간에 고백을 하시기 바랍니다. 저녁에는 사람들이 감성적으로 변하기에 쉽게 낭만적인 고백을 하게 되기 때문입니다.

03 | 형제들이여! 한 사람에게 너무 매이지 마십시오.

짝사랑을 할 때 한 사람에게 너무 목을 매지 마시길 바랍니다. 한 사람만을 너무 바라보지 마십시오. 쉽게 말해 당신을 좋아하는 다른 자매가 있을 것입니다. 그런데 그 자매가 당신이 좋아하는 사람이 따로 있다는 것을 알게 되면 당신을 바라보는 그녀의 마음이 상합니다. 또한 다른 여자만을 바라보는 당신의 눈길을 보고 당신을 향한 사랑의 고백을 '접고' 있을지도 모릅니다. 한마디로 당신을 향한 대기수요가 있을 수 있으니 주변을 잘 살피세요. 안 될 것 같은 교제는 빨리 포기하세요.

04 | 스토커를 조심하십시오.

스토커처럼 따라다니며 결혼해주지 않으면 안된다고 소위 '협박'하는 사람은 덜 성숙한 사람입니다. 그런 사람과 교제하는 것은 위험한 일입니다. 몸은 어른인데 정신연령은 아직 아이와 같습니다. 그래서 자신이 갖고

자 하는 것을 얻지 못하면 감정이 폭발하게 됩니다.

05 | 결과 중심적인 남자 vs 과정 중심적인 여자

어떤 여자가 남자에게 칭찬을 했습니다. "오빠! 정말 잘생겼다!" 그 남자는 그 이야기를 듣고 너무 좋아합니다. 그래서 그 여자가 그 다음날도 칭찬을 합니다. "오빠! 오늘도 오빠 참 잘 생겼다!" 그런데 남자가 화를 냅니다. "야! 나도 알아! 내가 잘 생긴거 안다구!" 그렇습니다. 남자는 결과 중심적인 존재입니다. 그래서 이미 "자기가 잘 생겼다"라는 결과가 나왔기 때문에 더 이상 뻔한 이야기는 듣고 싶지 않은 것입니다. 하지만 여자는 의심하는 존재라서 자신이 아무리 이뻐도 '자신이 이쁘다'라는 것을 의심하게 됩니다. 여자는 과정 중심적인 존재이기 때문입니다. 그래서 자기가 완벽하게 이뻐도 계속 더 이뻐지려고 노력하고 있는 것입니다. 그렇습니다. 여자는 의심하는 동물입니다. 그래서 남자의 사랑을 확인하려고 듭니다. 하지만 남자는 여자의 사랑을 확인하려고 들지 않습니다. 자존심이 상하기 때문입니다. 남자는 자존심이 무너지면 목숨을 끊고 여자는 사랑이 무너지면 목숨을 끊습니다.

06 | **썸을 너무 길게 타다보면 고백의 때를 놓치게 됩니다.**

사실 '썸을 탄다'라는 말은 잘못된 말입니다. '썸을 탄다'라는 말은 양다리를 합리화하기 위한 신조어일 뿐입니다. '욜로'라는 단어도 문제입니다. 그 말 때문에 사람들은 현재의 쾌락에 집중하게 됩니다. 현대인들은 사랑에 대해서 즐기기만 하려고 하고 책임은 지지 않으려고 합니다. 쾌락은 결국 타락을 가져옵니다. 그리고 타락은 추락을 가져옵니다. 쾌락은 빠른 추락을 가져옵니다.

07 | **사랑 고백을 그만두고 싶을 때 그때가 고백의 찬스입니다.**

"사랑 안에 두려움이 없고 온전한 사랑이 두려움을 내쫓나니 두려움에는 형벌이 있음이라 두려워하는 자는 사랑 안에서 온전히 이루지 못하였느니라"(요한1서 4:18)

뭐든지 일이라는 것은 포기하고 싶을 때 눈 딱 감고 한번 질러 버리면 성공을 하게 되어 있습니다. 사실 고백의 그 찰나가 어려운 것입니다. 고백을 포기하고 싶은 순간 어떤 방법이라도 좋으니 고백하시길 바랍니다. 그만두고 싶을 때가 승리할 수 있는 시기이며 고백이 이루어지고 그와 개인적으로 교제할 수 있는 기회입니다. 고백하는 동안 걸리는 1초의 쑥쓰러움만 잘 감내하면, 어느새 사랑은 내 속으로 쑥 들어옵니다.

2. 연애의 사계절

    연애의 양상을 봄, 여름, 가을, 겨울로 풀어 보았습니다. 사랑이 진행되고 반복되는 순환구조를 묘사해 보았습니다.

    01 | 겨울-혼자입니다. 실연을 당했습니다. 왜 나에게 겨울이 왔는지 나의 문제점이 무엇인지 겨울엔 자신의 모습을 거울로 볼 수 있어야 합니다. 겨울엔 외롭습니다. 겨울엔 옆구리가 시립니다. 그런데 어느 순간 날씨가 조금씩 따뜻해지면서 내 마음 속에 사랑의 꽃씨가

날아와 내 마음 속으로 심겨집니다.

02 | 봄-딱딱했던 내 마음이 부드러워집니다.

내 마음에서 사랑의 꽃이 핍니다. 사랑하는 그 사람
과 함께 있으면 마음이 봄처럼 따뜻해집니다.

03 | 여름-우리의 사랑은 더욱 뜨거워 집니다.

스마트폰으로 3시간 이상 통화하다보니 스마트폰이
과열되어 내 볼도 화상을 입으려고 합니다. 사랑하는
그 사람만 생각해도 몸과 마음이 뜨거워 집니다.

**04 | 가을-뜨거운 사랑을 나누는 커플에게도 권태기가
찾아오는 경우가 있습니다.**

하지만 이 권태기를 이겨내면 사랑의 열매가 맺힙니
다. 하지만 잘 이겨내지 못하면 가슴에 한이 맺힙니다.
서로 배려하며 서로 참아야 합니다. 사랑은 감정이기도
하지만 진정한 사랑은 의지를 동반합니다. 사랑하려고
마음 먹으면 사랑할 수 있습니다.

05 | 겨울-가을의 위기를 넘기지 못하면 겨울이 또다시 옵니다.

헤어질 때 잘 헤어지시기 바랍니다. 그래야 새로운 사람을 잘 만날 수 있습니다. 헤어질 때 왜 헤어지는지에 대한 이유를 분명히 상대에게 잘 알려주시고 헤어지시기 바랍니다. 그러지 않으면 그것은 또 다른 데이트 폭력입니다. 자신의 단점을 항상 성경이라는 거울에 비추어보고 고칠 줄 아는 자가 연애의 겨울을 만나지 않습니다.

하나님 사랑을 함께 자랑하는 커플의 사랑은 하나님의 은혜 안에서 날마다 더 커집니다.

연애의 사계절을 지나는 동안 어려움이 있어도 순간순간 순전하고 간절한 기도가 동반된다면 예기치 못했던 어려움이 와도 쉽게 이길 수 있습니다. 연애의 사계절을 다 경험하고 이겨낸 사람이 나중에 결혼의 사계절도 잘 보낼 수 있습니다. 기도하는 마음으로 사랑하십시오.

이제 여자분들에게 권면합니다. 연애의 사계절을 다

겪어 보고 결혼을 결심하시기 바랍니다. 세상에는 두가지 부류의 남자가 있습니다. 나쁜 남자와 사귀면 연애의 겨울이 지속됩니다. 하지만 좋은 남자랑 사귀면 겨울 다음에 반드시 연애의 봄이 옵니다. 제발 겨울 다음에 봄을 불러 올 수 있는 따뜻한 남자를 만나십시오. 나쁜 남자와 좋은 남자의 차이점이 무엇입니까? 바로 바른 연애를 위해서 기도하는 남자는 좋은 남자이고 연애를 위해서 기도하지 않는 남자는 나쁜 남자입니다. 기도하는 남자만이 '연애의 겨울', 곧 '냉각기'를 끝내고 '연애의 봄', 곧 '부활기'를 불러 올 수 있습니다. 기도하면 사랑의 하나님이 우리의 사랑을 도와주시기 때문에 기도하는 사람은 연애의 겨울을 끝내고 연애의 봄을 다시 불러 올 수 있는 것입니다.

3. 사랑의 정의

01 | 참된 사랑의 정의

우리가 사랑을 잘 하려면 참된 사랑의 정의에 대해
알아야 합니다. 미국의 정신과 의사인 스캇 펙 박사가
쓴 <<아직도 가야할 길>>이라는 책을 읽어보면 그가 '
사랑'을 어떻게 바라보고 있는가를 알 수 있습니다. 그
는 사랑을 '자기 자신이나 다른 사람의 정신적 성장을
도와줄 목적으로 자기 자신을 확대해 나가려는 의지'라
고 정의합니다. 여기에는 여러가지 깊은 의미가 담겨져
있습니다. 우선 자신이나 다른 사람의 정신적, 영적 성

장을 도와주는 역할을 하지 못하는 모든 '사랑'은 참사랑이 아니라는 뜻입니다. 즉 내가 누군가를 사랑한다고 할 때 그 사랑이 자신이나 다른 사람의 정신적인 성장을 도와주고 있는지를 눈여겨 보아야만 하는 것입니다.

만일 어떤 사람을 사랑한다고 하면서도 결과적으로는 상대방에게 짐만을 지우고 있다면 그것은 참사랑이 아닙니다. 그런 만남이 일시적으로는 서로에게 기쁨을 줄 수도 있지만 잘못된 만남은 모두를 불행하게 만듭니다.

감정적이기만 한 사랑은 진짜 사랑이 아닙니다. 감동을 주는 사랑이 진짜 사랑입니다. 그렇습니다. 우리는 남을 감동시킬 수 있는 사랑을 해야 합니다. 사랑은 다른 사람을 성장시키려는 의지입니다. 다른 사람을 위해 희생하는 행동을 보여주는 것이 진정한 참 사랑입니다. 희생이 없이는 열매도 있을 수가 없습니다.

02 | 이타적인 사랑을 합시다.

사랑이란 나보다는 상대방을 유익하게 해주는 행위입니다. 사람이 추구해야 할 진정한 성공은 돈이나 명예가 아닌 관계에서의 성공입니다. 그래서 주님께서는 하나님과 이웃을 사랑하라는 계명을 새 계명으로 주신 것입니다. 바로 이 사랑이 관계에서의 성공을 이루는 근본 요인이기 때문입니다. 진정한 사랑이란 나보다는 상대방을 더 유익하게 해주는 행위입니다.

그래서 성경은 구체적으로 다른 사람에 대해 오래 참고 온유하고 투기하거나 자랑하지 않고 교만하거나 무례하게 행동하지 않는 것을 사랑이라고 정의합니다. 바로 이 같은 삶을 통해 상대방을 유익하게 할 수 있기 때문입니다.

그런데 이 같은 사랑의 삶을 위해서는 상대방을 불쌍히 여기는 마음을 지녀야 합니다. 그래서 주님께서는 늘 사람들을 불쌍히 여기시면서 그들에게 복음을 주시고 말씀을 가르치시고 병든 자를 고쳐주면서 사랑을 베푸셨습니다.

커플들이여! 하나님의 관점으로 상대를 바라보며 상대를 긍휼하게 여기십시오. 기도하면 상대를 불쌍히 여기는 마음을 선물로 주십니다. 예수 그리스도의 마음으로 사랑하시길 바랍니다. 그런데 자기만 생각하며 남을 불쌍히 여기지 않는 사람들이 있습니다.

특히나 여자친구가 몸이 아프고 감기가 들어서 데이트에 나오기 힘들 것 같다구 하는데도 자기만 생각하는 남자들이 있습니다. 물론 여자들도 그렇게 남자친구를 보채기도 하지요. 그런데 자기가 보고 싶어서 무조건 여자친구에게 밖으로 막 나오라고 하는 남자가 있다면 그건 이기적인 사랑입니다. 나의 욕심을 채우기 위해 이성친구를 이용하지 마십시오.

4. 사랑과 결혼에 대한 조언

01 당신이 의지하고 기댈 사람을 찾지 마세요. 당신이 기댈 수 있는 나무가 되어 주십시오.

02 결혼은 사랑해서 하기도 하지만 사랑하기 위해서도 해야 합니다. 사랑 할 수 없을 때에도 사랑하기로 결단해야 합니다. 믿는 자에게는 권태기란 있을 수 없습니다. 왜냐하면 하나님의 사랑으로 사랑할 수 있기 때문입니다.

03 가정은 하나님이 만드신 천국입니다. 가정을 세우길 사모하시기 바랍니다. 미혼의 삶을 벗어나기 위해 노력하십시오. 미온적인 대처는 미혼의 삶을 벗어나지 못하게 만듭니다. 찾고 고민하고 기도하십시오. 지금 당신이 속해 있는 가정을 소중히 여기고 부모님께 효도하시기 바랍니다.

04 결혼에 있어서 세상적인 조건은 행복을 좌지우지하지 못합니다. 당신의 욕심을 꺾고 하나님의 뜻 앞에서 항복하시기 바랍니다! 좋은 주인 앞에서 항복해야 행복해질 수 있습니다. 피조물은 창조주 하나님께 항복해야 행복 할 수 있습니다.

05 사랑의 기회를 놓치지 마시길 바랍니다. 사랑에 대해 고민을 많이 할수록 사랑은 더 어려워집니다. 머리보다는 손과 발이 더 부지런히 움직여야 사랑을 쟁취할 수 있습니다.

5. 공감의 능력

01 | 사랑의 공간을 만드는 공감의 능력

상대방의 공감으로 인해 나의 마음 속에 따뜻한 사랑이 싹트게 됩니다. 누군가의 이야기에 공감을 하려면 그 사람의 경험에 대해서 이해를 할 수 있어야 합니다. 그래서 우리는 젊을 때 가능하면 많은 다양한 경험을 할 줄 알아야 합니다. 몸이 아파보지 않았던 사람은 아픈 사람의 마음을 이해할 수 없습니다. 실연의 아픔을 겪어 보지 못한 사람은 실연을 당한 사람의 마음을 헤아릴 수 없습니다.

그렇습니다. 사랑과 결혼은 상대방을 이해하기 위해서 하는 것입니다. 이해하기 위해서 사랑을 하는 것입니다. 그렇습니다. 결혼은 섬기기 위해서 하는 것입니다. 우리의 발을 씻기신 예수님의 겸손을 실천할 수 있는 가장 좋은 현장이 바로 결혼이라는 현장입니다. 결혼은 예수님의 제자가 되기 위해서 하는 것입니다. 예수님의 제자가 되기 위해서는 제자리에 머물지 말아야 합니다. 사랑의 발전이 있어야 합니다. 자발적인 사랑만이 사랑의 발전을 이루어 낼 수 있습니다.

대화를 함에 있어서 공감이 중요합니다. 경청은 나와 상대방을 거룩하게 만듭니다. 하지만 상대방의 말을 끊으면 상대방의 기분을 거북하게 만듭니다. 말이라는 것은 그 사람의 분신입니다. 상대방의 말을 내가 잘 들어주면 상대방의 말이 나의 마음 속에 들어오게 됩니다. 그러면 상대방은 자신의 분신인 자신의 말이 자신의 말을 경청해준 사람의 마음 속에 들어가 있기 때문에 자신의 말을 경청해준 사람을 좋아할 수 밖에 없습니다. 이처럼 경청은 호감을 불러일으키는 묘약인 것입니다. 그렇기 때문에 우리는 상대방의 말을 경청하며 공감해야 합니다. 나의 공감은 상대의 마음 속에 날 향한 사랑의 공간을 만듭니다. 공감이 없는 대화는 곤란한 대화가 됩니다. 공감이 없는 대화는 사랑의 감정을 불러일으킬 수 없습니다.

02 | '너 다움'을 챙겨주는 아름다움의 사랑을 실천합시다!

이성교제에 있어서 우리가 명심해야 할 것이 있습니다. 그것은 나의 이기심을 주장하지 말아야 한다는 것입니다. 연애를 할 때 상대의 '나 다움' 곧 '너 다움'을 챙겨줄 줄 아는 자가 됩시다!

03 | 카카오톡은 사랑을 위한 보조 수단입니다.

카카오톡을 통하여 상대방에게 '작업'을 거는 사람들이 있습니다. 하지만 카카오톡으로 '작업'에 성공을 할수 없습니다. 카카오톡은 연애를 위한 보조수단입니다. 어떤 자매와 대화를 했습니다. 그 자매는 요즘 힘이 든다라고 말을 합니다. 왜냐하면 교회 단톡방에서 대화를 하는데 어떤 형제가 자신의 아버지가 아프시다고 기도해달라고 기도제목을 올렸습니다. 그래서 그 자매는 "마음이 아프시겠어요. 저도 기도할게요"라고 단톡방에 톡을 올렸습니다. 그런데 갑자기 개인톡으로 그 형제가 자신에게 말을 걸면서 "참 마음이 아름다우시네요" 이러면서 그 이후로 계속 단톡방에 그 형제의 글에 반응을 하면 개인톡을 날린다는 것입니다. 그래서 그 이후에는 부담스러워서 단톡방에 글이 올라와도 반응을 하지 않게 되었다는 것입니다.

Chapter

02

자존감을 가지고 이웃을 대하기

JACOB
RACHEL
DATING

1. 존귀한 나

"너의 하나님 여호와가 너의 가운데 계시니 그는 구원을 베푸실 전능자시라 그가 너로 말미암아 기쁨을 이기지 못하여 하시며 너를 잠잠히 사랑하시며 너로 말미암아 즐거이 부르며 기뻐하시리라 하리라!"(스바냐 3:17)

01 | 지금의 내 모습으로 충분합니다.

우리는 자신의 부족 때문에 쓸데없는 열등감에 빠질 필요가 없습니다. 하지만 물론 다른 사람의 충고를 듣고 자신의 모습 중에 부족한 면이 있다면 변화시켜야 할 것은 변화를 시켜야 하겠습니다. 기도와 말씀으로 판단하여 하나님이 나에게 변화해야 될 것을 요구하신다면 변해야 합니다. 20대 때 저는 모든 사람을 만족시키려 했습니다. 하지만 모든 사람을 만족시키려다가 한 사람도 만족시키지 못하는 저를 사람들은 우유부단하다고 평가를 하였고 개성이 없는 저를 사람들은 멀리했습니다.

하지만 하나님을 인격적으로 만나고 남이 아닌 나의 삶을 사니까 한 사람씩 저와 함께 하게 되었고 한사람씩 한사람씩 저의 비전에 동참을 하게 되었습니다.

그렇습니다. 저는 안타깝습니다. 우리 사회가 너무나 다양성이 존중되지 않는 사회라는 사실에 말입니다. 세상을 변화시키기 원합니다. 하나님은 우리들 각자에게 누구도 가지고 있지 못한 선물을 주셨습니다. 고유한 은사를 주셨습니다. 그 선물은 나만의 것입니다. 나만의 은사입니다. 그 은사를 다른 사람과도 나누라고 주셨습니다. 우리는 혼자 살 수 없습니다. 모세에게 아론이 필요했고 한나에게 엘가나라는 위로의 남편이 필요했듯이 우리는 서로 돕고 살아야 하는 존재인 것입니다. 서로 돕기 위해서는 서로 다른면이 있어서 서로의 단점을 서로서로 보완을 해야 합니다. 그런데 왜 학교와 가정은 학생과 자녀를 다른 사람과 똑같은 사람으로 키우려고 합니까?

02 | 비교는 마귀의 장난입니다.

남과 자신을 비교하게 만드는 것은 마귀가 하는 짓입니다. 마귀는 그 각자만의 고유하고 고귀한 선물을 서로 나누지 못하도록 합니다. 자꾸만 비교하게 만듭니다. 세상적으로 판단하고 비교하게 만듭니다. 그래서 열등감을 불어 넣어주고 자신감을 빼앗아 갑니다.

"너의 은사는 보잘 것 없어! 쪽팔린줄 알아! 응! 너가 더 잘 알잖아 너의 부족함을.."

마귀는 우리에게 이렇게 속삭입니다. 여러분 그래도 담대하십시오! 너와 내가 서로 틀린 것이 아니라 서로 다를 뿐입니다. 우리 다함께 명심합시다! 자신을 사랑할 줄 아는 힘이 있는 자만이 다른 사람도 사랑할 줄 알게 되는 것입니다. 당신은 태초 전부터 하나님 보시기에 '좋았더라'했던 존재입니다. 당신은 하나님에게 '전부'입니다. 하나님의 '전부'이신 예수님을 주고 당신과 맞바꾸었기 때문입니다.

하나님은 우리가 하나님의 형상을 닮았기에 그 형상을 가지고 있는 동안 우리를 조건없이 사랑하십니다. 저는 종종 이렇게 스스로 다짐하고, 스스로에게 가르치곤 합니다. '나에게 왜 이런일이 벌어질까?'라는 의문이 생기게 됩니다. 그런데 그 의문의 답을 알지 못할 때는 저는 다음과 같이 생각을 합니다.

'그렇다면 난 어떻게 해야하는 것인가'라고 자신에게 물어야 합니다.

많은 경우 우리는 하나님으로부터 '하나님! 왜 저에게 이런 일이 벌어지는 것입니까?'라는 질문의 답을 얻을 수 없습니다. 그럴 때는 하나님께서 지금 내가 '어떻게' 살아가길 원하시는지에 대한 고민과 기도에 시간을 보내야 한다는 것입니다. 그러면 이유를 알 수 없는 고난 속에서도 버텨낼 힘을 얻을 수 있을 것입니다. 답은 오직 하나님 그분에게만 있는 것입니다! 답답한 일을 당할 때 오직 하나님께 답을 구하세요!

2. 업데이트를 위한 데이트

"너는 청년의 때에 너의 창조주를 기억하라 곧 곤고한 날이 이르기 전에, 나는 아무 낙이 없다고 할 해들이 가깝기 전에 해와 빛과 달과 별들이 어둡기 전에, 비 뒤에 구름이 다시 일어나기 전에 그리하라"(전도서 12:1,2)

01 | 헤어짐의 원인을 밝혀 자신을 업그레이드합시다.

우리는 청년의 때에 우리를 창조하신 창조주를 기억해야 합니다. 그래야 자신이 하나님이 아니라 창조 받은 창조물임을 깨닫게 됩니다. 그리하여 겸손하게 됩니다. 교만한 사람은 헤어진 이후에도 남을 탓합니다. 하지만 자신에게 잘못이 있었기에 두 사람에게 동일한 잘못이 있었기에 헤어짐으로 두 사람의 관계가 끝난 경우도 많이 있습니다. 그렇기 때문에 그냥 상처만 남기고 끝내지 말고 그 헤어짐도 우연이 아니기 때문에 자신의 잘못을 돌아보는 계기로 삼을 때 그 헤어짐도 복이 될 수 있습니다.

많은 사람들이 성격차이 때문에 이혼을 합니다. 그런데 성격도 고칠 수 있습니다. 성령님을 격하게 만나면 성격이 바뀝니다. 성경에 그 증거들이 많고 사울이 바울이 된 것도 그의 성격이 바뀌었기 때문에 가능한 일이었습니다. 성령이 충만한 후에 바울은 많은 사람을 품는 털털한 성격으로 변화를 받게 된 것입니다. 사울일 때는 스데반을 죽이고 다른 종파를 배척하는 배타적인 사람이었지만 하나님을 만나고 나서는 이방인도 품을 수 있는 마음이 넓은 유대인으로 변화를 받게 된 것입니다.

그러니까 세상적인 아픔만 남기고 헤어지지 맙시다. 자기가 왜 채이게 되었는지 자신의 부족함을 살펴 봅시다. 그리고 부족함을 없애서 자신을 업그레이드 시킵시다. 안그러면 똑같은 이유로 다른 사람에게 한번 더 채이게 됩니다. 성령의 와이파이에 믿음의 비밀번호를 넣어서 연결이 되면 우리는 다른 사람과 온전히 소통할 수 있는 영적인 축복의 통로로 업데이트가 되는 것입니다. 그러니까 성령님을 사모하십시오! 성령님과의 데이트는 우리를 업데이트 시키는 데이트입니다.

하지만 안타깝게도 우리는 헤어질 때 자신의 결점을 고치지 못하고 아픔만 남기고 헤어지는 경우가 많습니다. 그런데 중요한 것은 다시 그런 헤어짐을 겪지 않기 위해서는 나의 잘못이 무엇인지 밝혀야 한다는 점입니다. 그런데 혼자 아무리 자신의 잘못을 생각해도 자신에게 있는 문제가 무엇인지 모르는 경우도 많습니다.

우리의 얼굴에 무언가 묻었을 때 거울을 보거나 다른 사람이 이야기 해주지 않으면 뭐가 묻었는지 알지 못합니다. 그와 같이 다른 사람이 당신의 결점을 이야기해주지 않으면 당신의 결점을 영원히 모르게 됩니다. 그래서 그 결점 때문에 똑같은 실수를 계속 저질러 인생을 성공적으로 살지 못하게 됩니다. 그렇기 때문에 우리는 자신의 어떤 점이 싫은지 자신을 떠난 상대방에게

반드시 물어봐야 합니다. 그래야 자신의 치명적인 단점
(입냄새, 분노)을 고칠 수 있습니다.

02 | 헤어짐은 나를 더 좋게 변화시키는 복입니다.

이성교제는 자신의 결점과 실존을 파악할 수 있는 좋은 '기능'이 있습니다.

"너희는 이 세대를 본받지 말고 오직 마음을 새롭게 함으로 변화를 받아 하나님의 선하시고 기뻐하시고 온전하신 뜻이 무엇인지 분별하도록 하라"(로마서 12:2)

여러분에게 이제 세상에서 가장 중대한 인생을 변화시키는 숙제를 하나 내드리겠습니다. 자신을 성숙시키고 업그레이드시키기 위해 당신을 거절했던 이성을 찾아가십시오. 이제 용기를 내야 합니다. 자신의 문제점을 고치지 못하고 상처만 받고 헤어지는 사랑은 너무나 허무합니다. 하지만 내가 '경청의 덕목이 부족했구나. 그래서 자매가 힘이 들었구나'라는 귀한 깨달음을 얻고 헤어진다면 다시는 그런 실수를 하지 않을 것입니다.

업그레이드를 통해 당신 안에 있는 하나님의 형상을 조금 더 이웃에게 적합하게 향상시키십시오!

03 | 자신을 업그레이드 시켜야 또다시 버림을 받지 않습니다.

저의 이야기를 하고자 합니다. 저의 대학생 시절의 이야기입니다. 어느날 갑자기 여자친구가 저에게 헤어지자고 말을 했습니다. 그 이유는 "공부를 해야한다" 라는 것이었습니다. 저는 의아 해 했습니다. 왜냐면 그 친구는 원래 공부를 안하는 친구였기 때문입니다. 저는 낙담한 마음으로 상담가를 찾아가서 연애 상담을 했습니다. 상담가의 말은 우리나라는 동방예의지국이기 때문에 헤어질 때 예의를 지킬려고 거짓말로 헤어지는 이유를 댄다라는 말씀이었습니다. 그래서 다시 찾아가서 이렇게 물으라고 조언하였습니다.

"나의 어떤 점이 마음에 들지 않았던 거니?"

전여자친구가 말을 했습니다.

"난 나의 고민을 들어주고, 나의 기도제목을 함께 나눌 사람이 필요했어요. 그런데 오빠는 맨날 자기 이야기만 해서 헤어지기로 결심했어요"

저는 적잖은 충격을 받았습니다. 사실 저는 대학생 시절에 수다쟁이였습니다. 그래서 이전의 노홍철 캐릭 터처럼 자기 이야기만 할 줄 아는 사람이었습니다. 이 사건이 있은 후 저는 경청에 대해서 훈련을 했고 그 이 후로 경청을 하지 못해서 이별을 통보 받는 일은 더 이 상 없었습니다. 이런 놀라운 이성교제 상담가의 조언에 저의 인생이 바뀌었고 그래서 저도 "이성교제에 대해서 조언하는 사역을 해야하겠다"라고 결심을 하게 된 것입 니다.

여러분에게도 숙제를 내 드립니다. 이 책을 덮지 마 시고 펴 놓은 채로 과거의 이성친구들에게 전화를 거시 기 바랍니다. 그리고 물어 보세요.

"나의 어떤 점이 마음에 들지 않았던 거니?"

이런 답이 나올 것입니다.

"어~너의 입냄새가 지독해서"

저의 이야기를 다시 해드리려고 합니다. 저는 경청을 하지 않아서 채이게 되었습니다. 그런데 처음 헤어질 때는 제가 왜 그녀와 헤어지는지 그 이유를 몰랐습니다. 헤어질 때 그녀가 저에게 말했습니다.

"오빠! 나 취업 준비해야 해서 이제 더 이상 못 만날 것 같아"

이별 통보후 저는 다시 용한 상담가를 찾아갔습니다. 그리고 물었습니다.

"상담가님! 제가 헤어지게 된 이유가 무엇일까요?"

그분은 말씀하셨습니다.

"너의 어떤 점이 마음에 안들어서 그녀가 헤어지자고 말한거야. 그러니까 다시 찾아가서 물어봐 너의 어떤 점이 마음에 안들었는지 말이야"

저는 그녀를 찾아갔고 다시 그녀에게 물어봤습니다.

"나의 어떤 점이 마음에 안 들었니?"

그녀가 답을 했습니다.

"내가 지금 모델을 하려고 하는데 오빠는 몸무게가 47kg이라서 오빠랑 같이 다니면 내가 더 뚱뚱해 보여"

한마디로 저의 남자답지 못한 깡마른 몸매가 마음에 들지 않았던 것입니다. 우리나라가 동방예의지국이라서 그녀가 돌려서 취업을 준비해야 한다고 거짓말을 하며 저에게 이별을 고한 것입니다. 그렇습니다. 여러분

들도 과거에 여러분에게 이별을 고한 사람이 있다면 여
러분의 단점이 무엇인지 물어보시길 바랍니다. 그래야
똑 같은 단점 때문에 또 다른 사람에게 채이지 않게 됩
니다. 내가 알지 못하는 나의 숨겨진 입냄새 때문에 계
속 채인다면 그 것만큼 억울한게 어디 있습니까?

04 | 축복의 기도를 해주면서 헤어집시다.

실화입니다. 제가 직접 겪었던 저의 간증입니다. 이
제부터 다른 사람과 헤어지기 전에 상대방을 위해 축복
의 기도를 해줍시다! 왜냐하면 잘 헤어져야 잘 만나게
되기 때문입니다. 부끄러운 고백이지만 제가 어느 자매
와 교제할 때의 일입니다. 저는 아버지랑 어떤 문제 때
문에 다투었습니다. 그래서 가출을 해서 혼자 경제적으
로 힘들게 살고 있었습니다. 물론 교육전도사로써 교회
사역을 하고 있었습니다. 솔직한 고백이지만 저는 너무
삶이 힘든 나머지 여자를 삶의 도피처로 삼았던 것 같
습니다.

저는 어느 자매와 교제하고 있었는데 스킨쉽을 하니
까 저의 마음이 평안해 졌습니다. 그래서 스킨쉽에 집

중하게 되었습니다. 그런데 시간이 지날수록 스킨쉽의 수위가 점점 진해졌습니다. 그래서 어느날 분위기에 취해서 그녀의 허락도 없이 포옹을 하려고 했습니다. 여자친구는 저를 밀쳤습니다. 그런데 이런 일이 한두번이 아니었습니다.

그런데 그 다음날 전화가 왔습니다. 그 자매가 절 만나자고 하였습니다. 그래서 까페에서 그녀를 만났습니다. 그녀는 그런데 이별을 고한 후에 저에게 눈을 감으라고 하였습니다. 같이 기도하자고 하였습니다. 그리고 저를 위해서 눈물로 축복의 기도를 해주었습니다. 그녀는 이렇게 기도하였습니다.

"하나님! 윤전도사님께서 윤전도사님의 비전처럼 청소년과 청년들을 옳은 길로 잘 인도하고 그들을 잘 섬기는 귀한 하나님의 일꾼이 되게 해주세요. (중략) 그리고 시험에 들지 않게 해주세요. 예수님의 이름으로 기도하옵나이다. 아멘'

그리고 그녀는 지금까지 좋았던 저와의 추억에 감사하다며 저에게 편지를 전해주었습니다. 그녀가 말하길 제가 좋은 이성친구였지만 자신의 스킨쉽 기준에 맞지 않기 때문에 자신의 배필이 아님을 깨달았다고 이야기 하며 그녀는 저를 떠났습니다. 하지만 저는 축복의 기도를 받았기 때문에 그 기도에 힘을 입었습니다. 그리고 그녀의 기도는 이루어졌습니다. 그래서 저는 방황하는 청소년들과 청년들을 위해 책을 쓰며 강의를 하게 되었습니다. 저는 그녀에게 채였지만 그녀를 향한 쓴뿌리를 제거할 수 있었습니다. 무엇보다 저의 정욕적인 교제를 돌아보고 회개하게 되었습니다. 그렇습니다. 우리는 하나님 안에서 한 자녀이기에 아무리 서로를 아프게 하는 교제를 했을지라도 세상 사람과는 다르게 서로를 축복하며 헤어질 수 있는 것입니다.

3. 하나님을 의식하는 연애

우리는 사람들에게 인정을 받고자 하는 욕구가 있습니다. 하지만 우리는 사람들을 의식하기 보다 의식적으로 하나님을 의식해야 합니다.

01 | 사람에게 먼저 인정받기 보다 하나님께 먼저 인정을 받읍시다!

사람에게 먼저 인정을 받고자 하면 사람에게 칭찬을 받고자 노력을 하게 됩니다. 그래서 나도 모르게 사람을 의식하게 됩니다. 그러다 보면 하나님 앞에서는 마음대로 행동하고 사람 앞에서는 착한 척하는 외식하는 사람이 됩니다. 많은 사람들이 하나님 보다 다른 사람들의 인정을 먼저 받고자 합니다.

다른 사람의 인정을 받아야만 마음의 안정을 취하는 사람들이 있습니다. 하지만 하나님은 이미 당신을 하나님의 작품으로 인정하셨습니다. 이제부터는 오직 하나님만 의식하는 코람데오의 삶을 삽시다. 하나님만 의식하는 사람은 진리 안에서 남을 의식하지 않고 자유롭게 말하고 자유롭게 행동 할 수 있습니다.

02 | 주위의 사람들에게 당신의 닫힌 마음을 엽시다!

내 주위의 사람들에게 나의 마음의 문을 철벽같이 닫아 놓으면 나의 정서가 메마르게 됩니다. 사람에 대한 상처 때문에 사람을 기피하면 하나님과의 교제도 깊이 있게 할 수 없습니다. 인간은 죄인입니다. 그래서 우리가 사람을 더 깊이 알아갈수록 실망을 하게 됩니다. 왜냐하면 사람은 죄인이기 때문입니다. 하지만 우리가 주님을 알아갈수록 주님은 완전하신 분임을 깨닫게 됩니다. 인생을 혼자의 힘으로 살려고 하지 말고 하나님만을 의지하시기 바랍니다. 이 시간 인간은 '실수하는 나약한 존재'라는 사실을 인정하시기 바랍니다. 그 걸 인정하지 못하면 완벽주의의 함정에 빠져서 한순간도 쉴 수가 없습니다.

자신도 실수 할 수 있는 불완전할 수 밖에 없는 죄인임을 인정하지 않으면 그의 영혼은 쉴 수가 없습니다. 실수가 없으신 하나님을 믿을 때 우리는 쉴 수 있습니다. 또한 나 자신의 실수를 인정하고 회개해야 나의 영혼이 안식을 누릴 수 있습니다.

03 | 자라온 가정 환경이 연애 환경을 좌우합니다.

하나님을 인격적으로 만나서 하나님 안에서 나의 진짜 모습을 발견했다면 이제는 하나님 안에서 상대가 어떤 존재인지를 잘 알아야 합니다.

상대를 알려면 상대방의 자라온 환경을 조사해 보아야 합니다. 상대방에게 혹 애정결핍이 있는지 확인해 보아야 합니다. 상대의 이야기에 귀를 기울이시기 바랍니다. 첫사랑의 실패는 주로 경청의 부족함 때문에 오는 것입니다. 소통이 없는 교제는 고통을 가져옵니다.

서로가 소통을 통해 서로가 가까워집니다. 소통이 없으면 가까워지는게 아니라 갑갑해 집니다. 소통을 위해서는 먼저 남의 말을 경청할 줄 알아야 합니다. 그래서 경청이 중요합니다. 경청을 통해서만 상대방의 마음을 얻을 수 있습니다. 늦게 말하고 빨리 듣는 훈련을 해야 남의 말을 경청 할 수 있습니다. 조급하면 망합니다. 3초간 생각하고 말을 하시기 바랍니다. 경청은 경건한 청취의 줄임말입니다.

4. 상처를 덜 받는 방법

"무엇이든지 밖에서 사람에게로 들어가는 것은 능히 사람을 더럽게 하지 못하되 사람 안에서 나오는 것이 사람을 더럽게 하느니라"(마가복음 7:15,16)

무엇이든지 밖에서 사람에게로 들어가는 것 곧 음식 등은 사람을 더럽게 하지 못합니다. 또한 다른 사람이 나를 욕할 때 그 욕이 내 귀에 들어가 나에게로 들어올 때 우리는 그 욕이 우리의 기분을 더럽히지 않도록 막아야 합니다. 밖에서 우리 안으로 들어오는 것이 사람을 더럽게 만드는 것이 아니라 사람 안에서 나오는 시기와 질투와 욕이 그 사람을 더럽게 만듭니다.

우리는 이제 '타인에게 상처를 덜 받는 방법'이란 주제로 말씀을 나누고자 합니다. 우리가 여러가지 상황속에서 내가 기대했던 사람으로부터 상처를 덜 받기 위해서는 다음과 같은 사실들을 명심해야 합니다.

01 | 나에게 상처를 준 상대방이 자라온 가정의 환경을 이해해야 합니다.

사랑을 많이 받은 사람은 사랑을 많이 주게 되어있습니다. 하지만 반대로 아픔을 많이 겪은 사람은 주위 사람들에게 아픔을 주기 쉽습니다. 그렇기 때문에 우리는 예수 그리스도의 은혜로 치유함을 받아야 합니다. 치유함을 받은 후 우리는 온전한 교제를 나눌 수 있기 때문입니다.

상대방이 나를 힘들게 한다면 그의 부모는 어떤 사람이었는지 그는 어떤 환경에서 자라났는지 조사할 필요가 있습니다. 그 사람의 과거가 그 사람의 현재를 나타내 주기 때문입니다. 많은 미혼청년들이 늦은 나이까지 결혼을 못하는 이유는 다 그들만의 문제는 아닙니다. 부모 된 사람들이 그들에게 행복한 부부의 모습을 보여주지 못했기 때문입니다.

물론 지금 시대가 경제적으로 어렵고 집값도 비싸기 때문에 사실 결혼이 늦어지는 이유는 사회 구조적인 문제도 있습니다.

하지만 경제적으로 어려워서 부부싸움을 하더라도 부모가 먼저 자녀에게 성경적인 가정, 아름다운 가정을 보여주기 위해서 노력을 해야 합니다. 그래서 자녀들이 보지 않는 곳에 가서 싸워야 합니다. 그리고 자녀들이 보는 공간에서는 의도적으로라도 서로 포옹하면서 다정한 모습을 보여주어야 합니다. 그래야 아이들의 정서가 건강하게 자랍니다. 그래야 아이들의 뇌가 활성화되면서 아이들의 공감능력을 커지게 됩니다. 공감 능력이 떨어지는 아이는 사이코패스처럼 다른 사람의 고통을 느끼지 못하는 무서운 아이가 될 것입니다.

제가 아는 한 자매는 얼굴은 이쁜데 남자같이 행동하는 걸걸한 걸(Girl)이었습니다. 처음에 걸걸한 그 자매의 말에 저는 상처를 받았습니다. 하지만 그 자매가 자라온 환경을 보니 그 자매를 이해하게 되었습니다. 그 자매는 둘째 딸이었는데 부모님이 둘째를 딸이 아닌 아들로 낳고 싶어했습니다. 그런데 딸이 나오자 마음 아파하셨습니다. 그런데 중요한 것은 그 자매의 부모님들이 둘째 딸을 아들같이 키우신 것입니다. 그래서 운동화를 사주어도 이쁜 분홍색 운동화가 아니라 남자들이나 신는 파란색 운동화를 억지로 둘째 딸, 곧 제가 알았던 그 자매에게 신겼습니다. 그 자매는 그래서 아버지에게 사랑을 받지 못해서 애정결핍에 걸려 있었습니다. 그리고 신용카드를 가지고 과소비를 하는 삶을 살았습니다. 왜냐하면 어렸을 때 이쁜 옷과 이쁜 신발을 신고 싶었지만 부모님의 잘못된 욕심으로 자신이 그런 기회를 박탈 당했기 때문입니다. 그래서 어른이 되어서 신용카드를 가지고 과소비를 했던 것입니다. 이쁜 옷도 많이 사고 사치품도 많이 샀습니다. 그래서 결국 신용불량자가 되고 말았습니다.

02 | 우리는 나에게 상처를 주는 상대방을 변화시키려 하지 말고 내가 먼저 변해야 합니다.

학창시절 저에게 상처를 많이 주는 한 친구가 있었습니다. 친구들과 함게 그 친구에 대해서 험담을 했습니다. 그런데 하나님이 두려운 마음을 주셨습니다. 그래서 우리는 그 친구에 대해서 기도하게 되었고 하나님은 그의 가정환경에 대해서 알려주셨습니다.

그 친구는 어렸을적부터 아버지로 부터 아동학대를 받았다는 사실을 알게 되었습니다. 그래서 자존감이 낮고 상처를 많이 받았기 때문에 다른 사람에게 상처를 대수롭지 않게 주는 것이었습니다. 그 사실을 알고 나서 우리는 그 친구가 우리에게 욕을 해도 우리는 전처럼 상처를 받지 않았습니다. 그대신 그 친구를 불쌍히 여기고 그 친구를 위해서 기도하게 되었습니다.

그 다음부터 우리는 하나님의 은혜를 깨달았습니다.사람은 믿음의 대상이 아니라 사랑의 대상이라는 사실을 깨닫고 사람을 의지하기 보다 하나님을 의지하는 삶을 살게 되었습니다. 하나님을 의지한 이후 우리의 삶의 의지도 더 강해졌습니다. 자신이 가진 과거의 상처에 얽매이지 마시고, 과거를 통해 배우고 현재에 충실하며 미래에 대해 계획을 세울 때 우리는 쓸데없는 걱정에 빠지지 않게 되고 진정 행복한 삶을 살 수 있답니다.

03 | 현재에 충실하십시오!

현재에 충실하시고 단계적인 계획을 가지고 하나의 목표를 끝내고 나서 다음 목표에 집중하시길 바랍니다. 또한 지금은 "내가 이 일을 왜하나", "이 공부를 왜하나", "왜 이런 처지에 처해있나" 무작정 불평을 하지 마시기 바랍니다. 나중에 다 뒤돌아 보면 "아! 하나님께서 나를 지금 이렇게 쓰시기 위해 그 때 그런 환경에서 나를 훈련시키셨구나"라고 깨닫게 되는 날이 옵니다.

어린아이가 몸이 아픈데 어머니가 쓴 약을 먹이려고 합니다. 그런데 아이는 안먹으려고 합니다. 하지만 어머니를 믿는다면 일단 그 약을 먹고 봅니다.. 그리고 나중에서야 깨닫게 됩니다. "아 어머니가 나를 사랑하시기에 쓴 약이라도 먹이셨구나.." 라고 깨닫게 됩니다. 하나님이 우리에게 허락하시는 슬픔은 기쁨과 똑같이 감사함으로 받아들여야 합니다. 왜냐하면 다 잘되라고 하나님께서 우리를 크게 쓰시기 위해 허락하시는 거니까요.

04 | 하나님은 고통을 이겨낸 사람을 귀하게 쓰십니다.

고통을 견딘 나무로 만든 악기가 다른 악기보다 더 아름다운 소리를 냅니다.

많은 추위와 겨울을 견디어 낸 나무가 많은 나이테를 형성하게 됩니다. 또한 그 나무가 살아 남았을 때 바람(wind)을 이겨낸 나무가 하나님의 우릴 향한 희망과 바람(wish)을 충족시키는 나무가 됩니다. 시험을 이겨낸 나무는 아주 멋진 소리를 내는 바이올린의 재료로 쓰이게 된답니다. 우리의 모든 것을 귀하게 사용하시는 신실한 하나님을 믿읍시다.

C h a p t e r

03

야곱과 라헬 연애법

1. 조급함은 연애를 망칩니다.

3. 단순한 남자 vs 복잡한 여자

4. 빠른 사랑 vs 바른 사랑

5. 연애유형검사를 받읍시다!

JACOB
RACHEL
DATING

1. 조급함은 연애를 망칩니다!

01 | 조급함은 연애를 망칩니다.

야곱은 라헬을 얻기 위해 14년 동안 기다렸습니다. 우리는 야곱처럼 조급함을 버려야 합니다. 부끄럽지만 저의 이야기를 하나 하려고 합니다.

첫눈에 반하면 그 후로부터 내 눈에는 그 사람만 보이게 됩니다. 그 사람 주위에 있는 사람들은 모자이크 처리가 되는 것입니다. 그래서 제가 큰 사고를 하나 쳤습니다. 저는 한동대학교가 설립된 1995년에 학교에 입학한 95학번입니다. 저는 오리엔테이션 때 어떤 자매에게 고백을 했습니다. 그런데 실연의 고배를 마셨습니다. 저는 역사적인 인물입니다. 저는 한동대학교 역사상 학교에서 제일 처음으로 여자에게 채인 사람입니다.

제가 채인 이유는 다음과 같습니다. 어느날 제가 좋아하는 그 여자가 학교 식당의 식사 테이블에 앉아 있었습니다. 그녀가 앉아 있는 맞은편 자리가 비어 있었습니다. 저는 냅다 뛰어가서 그녀를 바라보며 앉았습니다. 그녀는 당황해서 어쩔 줄 몰라 했습니다. 저는 치기 어린 애드립을 치기 시작했습니다.

"우왕! 오렌지가 후식으로 나왔네요. 오렌지 먹은지가 얼마나 오랜지~"

그녀의 얼굴은 사색이 되었습니다. 저는 의아해 했습니다. 아니 왜 나의 애드립이 먹히지 않을까? 저는 얼굴이 사색이 되도록 깊은 사색을 하게 되었습니다. 그런데 갑자기 어떤 소리가 들렸습니다.

"어이! 자네 누군가?"

저는 고개를 소리가 나는 쪽으로 휙 돌렸습니다. 학교에서 제일 무서운 교수님이셨습니다.

그 교수님은 그런데 제가 앉아 있던 큰 테이블의 모서리쪽에 조용히 앉아 계셨습니다. 그래서 제가 그 교수님을 보지 못한 것입니다.

사건의 전말은 이렇습니다. 제가 그녀에게 작업을 걸기 전 30분 전으로 돌아가겠습니다. 리와인드! 제가 좋아했던 그녀는 동아리 회식을 하고 있었던 것입니다. 그런데 그녀의 맞은 편에 앉아 있던 친구가 일이 있어서 기숙사에 먼저 들어간 것입니다. 저는 그 상황을 모르고 그녀가 너무 반가워서 그녀의 맞은편에 앉은 것입니다. 제가 다짜고짜 그녀에게 작업을 거니까 주위 사람들이 그냥 저를 지켜본 것입니다. 완전히 쌩쑈였습니다. "오렌지 먹은지가 얼마나 오랜지~" 그 말에 교수님이 참다 못해 저를 저지 시킨 것입니다. 그 교수님은 그 동아리의 지도교수님이셨습니다.

이 사건 이후에 저는 학교에서 유명인사가 되었습니다. 그래서 제가 인사를 해도 사람들이 모른 척 했습니다. 저랑 친하다는 것이 챙피했나 봅니다.

02 | 교회에서는 하나님을 먼저 찾읍시다!

조급하면 연애를 망칩니다. 제가 다니던 교회에 제가 좋아하는 자매가 있었습니다. 그녀가 교회에 잘 안 나왔는데 어느날 교회에 나타났다는 이야기를 친구에게 들었습니다. 저는 너무 반가웠습니다. 그런데 저는 그날 콧물이 많이 나와서 코를 풀러 화장실에 갔습니다. 화장실에서 그녀가 출몰했다는 소식을 듣고 가슴이 출렁거렸습니다. 원래 저는 화장실 휴지로 코를 푸는데 그녀가 사라지기 전에 그녀를 빨리 볼려고 휴지를 뜯을 시간도 없었기 때문에 그냥 오른쪽 엄지 손가락으로 오른쪽 콧구멍을 막고 세면대에 고개를 숙이고 코를 휙하고 풀었습니다. 그리고 이제는 왼쪽 엄지 손가락으로 왼쪽 콧구멍을 막고 남은 콧구멍의 코를 휙 풀었습니다. 그리고 제가 보고 싶었던 그녀에게 달려갔습니다.

"수지야! 정말 오랜만이다"

너무 그녀가 반가웠습니다. 그런데 그녀가 저를 보고 소리를 질렀습니다!

"야! 이 엑스야 저리가! 더러워!"

그녀의 말에 저는 너무 마음이 상해서 고개를 떨구었

습니다.

근데 이게 왠 일입니까?

저의 하얀 티셔츠에 쾌걸 조로가 그어놓은 듯한 노
란 엑스자가 새겨져 있었습니다. 그 날 이후로 저는 엑
스맨이 되었습니다. 노란 엑스맨…고개를 숙이고 눈을
감고 코를 풀다보니 콧물이 저의 가슴에 다 달라 붙은
것입니다.

그렇습니다. 평소대로 휴지로 코를 풀면 되는데 세면
대에서 고개를 숙이고 잘 살피지도 않고 코를 횤횤 푸
니까 나의 사랑도 노란 콧물 처럼 횤하고 날아가 버린
것입니다. 제가 하나님 보다 수지를 더 사랑해서 하나
님이 저에게 천벌을 내리셨나 봅니다.

2. 잃고자 하면 얻습니다.

    어떤 교회에서 실제로 일어난 실화입니다. 크리스마스 이브 때 청년들이 교회에서 밤늦게까지 놀았습니다. 그런데 철수(가명)라는 형제가 순이라는 자매를 좋아했습니다. 모든 모임이 끝나고 순이라는 자매가 집에 가려고 했습니다. 그런데 철수는 그 순간 고민을 했습니다.

    "지금 순이와 그 친구들을 따라나서면 순이와 함께 갈 수 있는데, 지금 청년회실을 보니까 게임하고 나서 너무 지저분하네~ 예수님이라면 어떻게 하실까? 순이를 따라갈까 아니면 아무도 치우지 않는 청년회실을 정리하고 갈까.."

철수는 고민했습니다. 하지만 철수는 순이 대신에 청소를 선택했습니다.

"내가 진실로 진실로 너희에게 이르노니 한 알의 밀이 땅에 떨어져 죽지 아니하면 한 알 그대로 있고 죽으면 많은 열매를 맺느니라(요12:24)"라는 말씀처럼 하나님 앞에서 떳떳한 삶을 살고 싶었습니다. 자신의 신앙양심상 자신의 이익을 먼저 추구하는 것이 아닌 교회 공동체의 이익을 먼저 추구하기로 철수는 다짐했습니다.

그래서 철수는 청년회실을 청소하고 있었습니다. 그런데 갑자기 순이가 청년회실에 들어오는 것이었습니다. 철수는 놀랬습니다. 하지만 계속 꿋꿋이 바닥을 쓸고 청소를 했습니다. 순이는 놀라며 감동을 받았습니다. 아무도 알아주지 않고 아무도 보지 않는 그곳에서 철수는 참된 봉사를 실천하고 있었던 겁니다. 순이는 스마트폰을 청년회실에 놓고 나가 스마트폰을 찾으러 오는 길이었던 것입니다. 그래서 순이는 철수가 인격적이며 멋진 남자라는 것을 이번 일을 계기로 깨달았습니다. 그리고 철수의 그런 멋진 모습에 감동을 받게 되었습니다. 그녀는 철수에게 흠뻑 빠져 하나님을 더 사랑하게 되는 유익한 이성교제를 하게 되었답니다.

여러분! 이성친구를 얻기 위해 쉼없이 이성친구를 물색하며 사람들을 쫓아다니지만 마시고 하나님께 잘 보이시기 바랍니다. 항상 하나님 앞에서 '코람데오'의 정신으로 사시기 바랍니다.

지금도 당신의 짝이 될 사람이 하나님 곁에서 당신을 주목하고 있다고 상상해 보시기 바랍니다. 항상 최선을 다하시기 바랍니다. 누가 당신의 짝이 될지 아무도 모릅니다. 오직 주님만이 아십니다. 소위 '세상적으로 잘 나가지 못하는' 이성이 있더라도 모두 다 잘 대해주시기 바랍니다. 우리는 다 하나님의 자녀이기 때문입니다. 아무도 보지 않을 때 행동하는 나의 모습이 진정한 나의 모습이며 나의 인격입니다. 아무도 보지 않는 곳에서 행하는 그 행동이 나의 인격과 평판을 결정짓는 것입니다.

우리가 잊지 말아야 할 것은 하나님을 대신하는 모든

것이 우상이라는 사실입니다. 우리에게는 하나님을 대
신할 수 있는 것이 없습니다.

공부와 학업, 이성친구, 돈과 명예 등등을 먼저 추구
하며 그것을 통해 하나님께 받아야 할 위로를 받으려고
하는 잘못을 범하지 않으시길 바랍니다. 우상은 당신에
게 어려움을 주어서 당신을 울상으로 만들 것이기 때문
입니다.

3. 단순한 남자 vs 복잡한 여자

남자는 연애를 함에 있어서 단순한 존재입니다. 하지만 여자는 연애를 함에 있어서 과정까지 생각하는 복잡한 존재입니다.

01 | 단순한 남자

남자는 결과 중심적입니다. 그래서 결과에 목숨을 거는 단순한 존재라고 볼 수 있습니다. 그런데 여자는 복잡합니다. 남자는 결과를 중시하기 때문에 단순합니다. 하지만 여자는 과정을 중시하기 때문에 복잡한 존재입니다. 과정을 다 따져야 하니까 복잡한 존재라고 할 수 있습니다. 이런 남녀차이 때문에 남녀관계 속에서 서로가 서로를 이해하지 못하고 갈등이 생깁니다. 남자가 여자의 심리를 잘 알아야 여자의 마음을 얻을 수 있습니다. 그처럼 여자는 남자의 심리를 잘 알아야 남자의 마음을 얻을 수 있습니다.

03 | 복잡한 여자

여자의 사랑은 왜 복잡할까요? 여자는 의심하는 존재이기 때문입니다. 여자는 남자가 잘해주어도 그 사랑을 의심합니다. 왜냐하면, '사기 트라우마' 때문입니다. 사탄에게 제일 먼저 속은 사람이 바로 여자이기 때문입니다. 하와가 뱀에게 속고 나서 여자는 의심하는 존재가 되었습니다. 그래서 여자는 하나님 외에는 다른 것을 잘 믿지 않습니다. 그래서 교회에 여자 성도가 많은 것입니다.

03 | 남자는 주먹을 믿습니다.

남자는 여자랑 다르게 하나님도 믿지만 자기의 주먹

도 믿습니다. 하지만 여자는 '의심하는 존재'라 세상을 잘 믿지 않습니다. 심지어 자기가 이뻐도 자기의 이쁜 것을 의심합니다. 그래서 맨날 "오빠 나 이뻐?"이렇게 맨날 물어봅니다. 형제 여러분들! 대답하기 지겹더라도 "이쁘다"라고 말해주시기 바랍니다. 그럼 여자에게 사랑 받게 됩니다.

그렇습니다. 여자는 복잡한 존재입니다. 그런데 여자들이 잘 저지르는 실수가 있습니다. 남자가 여자처럼 복잡한 존재라고 착각하는 것입니다.

남자는 단순합니다. 남자는 이쁜 여자만 좋아합니다. 여자는 얼굴이 못생겨도 똑똑하면 그 남자를 좋아합니다.

04 | 남자의 연애 조건은 단순합니다.

남자는 연애 상대를 고를 때 단순합니다. 남자는 지혜로운 여자 보다 이쁜 여자를 고릅니다. 몇몇 남자는 현숙한 여자보다 음란한 여자에게 쉽게 넘어갑니다. 그런데 간혹 이쁜 여자 중에 성격이 안 좋은 사람이 있을 수 있습니다. 그래서 남자가 여자를 쉽게 고르고 난 후 마음이 복잡해집니다.

05 | 여자의 연애 조건은 복잡합니다.

여자는 연애 상대를 고를 때 마음이 복잡하고 조건을 따지고 요구하는게 많습니다. 하지만 한번 사귀고 나면 일편단심으로 그 남자만 바라봅니다.

06 | 엘리베이터 문과 같은 남자의 마음문

남자의 마음문과 여자의 마음문이 상대방을 향해 열리는 양상도 서로 많이 다릅니다. 이쁜 여자를 향한 남자의 마음문은 쉽게 열렸다가 쉽게 닫힙니다. 더 이쁜 여자가 나타나면 여자친구를 버리고 더 이쁜 여자를 찾아갑니다. 이렇게 마음문이 쉽게 열렸다가 쉽게 닫히는 엘리베이터 문과 같은 남자친구를 보고 여자친구는 쉽게 마음에 상처를 입고 마음이 다칩니다. 양처럼 순한 남자친구인 줄 알았는데 알고보니 양의 탈을 쓴 늑대였던 것입니다. 남자의 마음문과 여자의 마음문은 다릅니다.

07 | 장애인용 엘리베이터 문과 같은 여자의 마음문

여자의 마음문은 장애인용 엘리베이터와 같아서 느

리게 열렸다가 느리게 닫힙니다. 다시한번 말씀을 드립니다. 여자는 의심하는 동물입니다. 세상 역사에서 최초로 사기를 당한 사람은 여자입니다. 선악과를 먹으면 하나님처럼 된다라는 사기에 넘어간 것이 여자입니다. 그래서 여자는 사기에 대한 트라우마 때문에 그 이후부터 모든 것을 의심하기 시작했습니다.

그렇다면 여자의 마음문을 어떻게 열까요? 기다려야 합니다. 형제들이여! 고백을 한 이후에 인내를 가지고 여자의 반응을 기다리십시오. 여자의 반응이 느리다고 포기하지 마시기 바랍니다. 장애인용 엘리베이터를 생각해 보십시오. 엘리베이터 버튼을 누르는 것은 고백을 뜻합니다. 그런데 버튼을 눌렀어도 엘리베이터 문이 열리는데는 시간이 걸립니다. 마찬가지로 내가 고백을 했어도 여자의 마음문이 열리는데도 시간이 걸립니다. 명심하십시오. 여자의 마음문은 자동문이 아니라 고백의 버튼을 눌러야 열리는 장애인용 엘리베이터문입니다.

여자는 남자보다 더 신중합니다. 남자가 초반에 여자에게 엄청 잘해주어야 여자는 남자에게 신뢰를 가지게 됩니다. 그리고 신뢰가 생긴 이후에 여자는 마음을 열게 됩니다. 남자는 여자를 향해서 먼저 마음을 연 후에 그 다음에 여자를 신뢰합니다. 하지만 여자는 반대입니다. 여자는 신뢰감이 생겨야 남자에게 자신의 마음문을 열어 줍니다. 그렇습니다. 여자의 마음은 자신에게 호의를 베푸는 남자를 향해 남자 보다 더 천천히 열립니다. 그런데 그 천천히 열린 여자의 마음문이 닫히는데도 시간이 오래 걸립니다. 그래서 여자의 마음은 장애인용 엘리베이터 문과 똑같습니다. 그래서 여자는 '여자 자신'이라는 '여자 엘리베이터' 안에 있던 자신의 남자친구가 바람을 펴서 엘리베이터 안을 훅 떠나가 버려도 여전히 장애인용 엘리베이터문과 같은 여자의 마음문은 그 나쁜 남자를 향해서 활짝 열려있습니다.

요즘에는 픽업아티스트들이 활개를 칩니다. 여자들이여! 초반에 너무 잘해주는 남자를 조심하시기 바랍니다. 왜냐하면, 그 남자가 다른 여자에게도 잘해주는 그런 남자일 수도 있습니다. 혼전성관계 이후에 남자는 관계를 정리하고 그녀를 떠났는데 여전히 그놈을 향한 여자의 마음문은 열려있어서 찬바람이 들어와 눈물 흘리는 여자가 많습니다.

이처럼 남녀는 참으로 서로 차이가 납니다. 남녀 차이를 잘 알아야 상대방에게 차이지 않습니다. 상대방을 잘 알아야 상대방의 마음을 얻을 수 있습니다.

08 | 남녀의 연애감정 발전단계의 차이점

이제는 [남녀의 연애감정 발전 단계]에 대해서 설명을 드리겠습니다. 본 내용은 가이드포스트의 〈연애나이를 알면 결혼이 보인다〉라는 책을 참고하여 작성한 내용입니다. 가로친 것은 저의 고유한 생각을 첨가한 것입니다.

먼저 여자의 연애감정 발전 단계입니다.

1)인식: 여자가 남자의 존재를 인식합니다.

2)관심: 그 남자가 자신을 편하게 만들어주면 그 남자에게 관심을 가지기 시작합니다.

3)관찰: 그 남자에게 여자 친구가 있는지, 그 남자는 어떤 남자인지 관찰을 하기 시작합니다.

4)호감: 그 남자에게 호감을 가져도 안전한지 살펴보고 안전하다면 마음을 열기 시작합니다.

5)신뢰: 여자는 남자가 믿을만한 사람이며 평판이 좋은지 살펴보게 됩니다. 그리고 지속적으로 자신을 살피며 보호해 주는지 체크를 하게 됩니다.

6)사랑: 그 남자를 신뢰를 하게 되면 여자는 안정적인 사랑을 시작하려고 합니다.

이제는 남자의 연애감정 발전 단계를 살펴보겠습니다.

1) 인식: 남자가 여자의 존재를 인식하게 됩니다. 주로 여자의 외모를 따집니다.(남자는 여자를 인식합니다. 그렇기 때문에 여자는 남자가 여자 자신의 존재를 인식하도록 그 남자에게 한발짝 다가가야 합니다. 그 남자의 눈에 잘 보이도록 호감이 가는 남자가 있다면 자매들이여! 그 남자에게 '접근'을 하기 바랍니다. 하지만 고백은 하지 마시기 바랍니다. 여자의 향기를 발하여 그 남자가 여자인 당신에게 고백을 하도록 만드시기 바랍니다. 많은 경우에 여자가 먼저 고백하면 남자들이 여자를 우습게 보고 남자 마음대로 연애를 이끌어 갈 수 있기 때문입니다.)

2) 호감: 남자는 여자를 인식하자마자 그 여자에게 호감을 가지게 됩니다. 물론 동시에 두명에게 호감을 가지는 경우도 있습니다. '남자가 어떤 여자에게 관심을 가지고 있다'라는 것은 호감을 가지고 있음을 의미합니다. 남자의 관심과 남자의 호감은 서로 분리가 되지 않습니다. 함께 가는 것입니다.

3) 사랑: 남자와 여자가 정식으로 교제를 시작하면 남자는 그 여자와 사랑을 시작하게 됩니다.

이처럼 남자와 여자의 사랑의 방법은 차이가 많이 납니다. 그래서 서로 보조를 맞추어서 걸어가야 합니다. 안 그러면 서로 멀어지게 되어 있습니다. 한마디로 여자가 사랑을 시작하려면 시간이 많이 걸린다는 것입니다. 그렇기 때문에 여자가 남자를 잘 관찰하고 잘 알아볼 수 있도록 남자 쪽에서 여자에게 시간을 많이 주어야 합니다. 그런데 연애의 초보인 남자들은 다른 남자에게 빼앗길까봐 여자의 마음은 안중에도 없고 바로 고백을 해버립니다.

4. 빠른 사랑 vs 바른 사랑

"하나님의 아들들이 사람의 딸들의 아름다움을 보고 자기들이 좋아하는 모든 여자를 아내로 삼는지라"(창세기6:2)

01 | 빠른 사랑보다 바른 사랑을 추구하십시오.

우리는 하나님 앞에서 '빠른 삶'보다 '바른 삶'을 살아야 합니다. 쉽게 얻어진 사랑은 뜨겁지 않습니다. 하지만 힘들게 얻은 사랑은 정말 귀하게 느껴집니다. 그래서 저는 자신에 대한 반성이 없이 외로움에 이끌려 채팅을 통해 만나는 것을 말리고 있습니다. 명심하시기 바랍니다. 우리가 아무리 자신을 사랑해달라고 천만번 이야기해도 당신이 사랑받을 만한 매력을 갖추어 가지 않는다면 아무도 당신을 사랑하지 않을 것입니다. 사람을 빨리 만나는 것이 중요한 것이 아닙니다. 하나님 앞에서 이웃 앞에서 아름다운 사람이 되는 것이 먼저입니다. 당신의 단점을 먼저 고치시기 바랍니다. 남에게 상처를 주는 당신의 말을 바꾸시기 바랍니다. 그러면 당신의 매력이 더 높아질 것입니다.

하나님을 통해서 준비된 매력은 마력이 있습니다. 하나님의 방법으로 단련된 매력은 많은 사람을 치유하며 변화시킵니다. 명심하십시오. 매력은 노력을 통해 얻어집니다. 사랑도 실력이 있어야 잘 할 수 있습니다. 노련한 사랑을 하려면 하나님의 방법을 따라 노력을 해야 합니다. 당신이 자신의 짝을 만날 수 있는 가장 빠른 방법은 당신 자신이 스스로 '사랑스러운 사람'이 되려고 하나님과 함께 노력하는 것입니다. 게으르게 하나님의 때만 기다리지 마십시오. '하나님의 때'가 왔을 때 '하나님의 타이밍'을 놓치지 않으려면 지적인 사랑, 감정적인 사랑, 의지적인 사랑이 삼위일체가 되어 분별력과 결단력을 내려야 하는 것입니다. 여기서 다 이해가 가게 설명을 드리지 못해서 죄송합니다. 반드시 저와 만나서 더 상세한 상담을 받으면 당신의 결혼 날짜를 1년이상 앞당길 것입니다. 정말로 저를 만나서 상담한 청년들의 90%가 평균적인 결혼적령기 보다 1-2년 더 빨리 결혼을 하였습니다.

02 | 채팅으로 아무나 함부로 만나지 마십시오.

종종 인터넷신문에 보면 자신의 신분을 속이고 많은 사람들을 농락하는 사람들에 대한 이야기가 나옵니다. 그런 기사가 계속 나오는데도 사람들은 잘못된 속삼임에 속아 넘어갑니다. 자신이 서울대학생이라고 속이고 수십명의 여자와 잠자리를 했던 사건이 오래전에 있었습니다. 학벌주의 사회가 그렇게 사기를 치기 쉬운 사회를 만든 것입니다.

물론 스마트폰의 좋은 장점도 많이 있습니다. 하지만 채팅을 통해 검증되지 않은 사람을 호기심으로 만나게 되면 범죄에 노출되거나 아니면 원하지 않는 관계를 맺을 수도 있습니다. 외롭다고 아무나 만나서는 안됩니다. 인터넷을 통한 교제는 서로 책임을 지지 않아도 되기 때문에 그렇기 때문에 서로 상처 받기도 쉽습니다. 쉽게 말씀드려서 채팅을 하다가 어떤 사람을 랜덤으로, 무작위로 만나는 행위는 길거리를 가다가 길가는 사람을 선택하여 그 사람과 교제하는 행위와 유사합니다. 심지어 그런 행위보다 더 위험할 수도 있습니다.

5.연애유형검사를 받읍시다!

01 | 네가지 유형의 성격을 가진 인간

인간으로 이루어진 조직과 공동체는 대개 네가지 유형의 인간으로 구성되어 있습니다. 바로 지시형(지도자형,DISC 주도형), 사교형, 우호형, 분석형으로 구성되어 있습니다. 그런데 대체로 교회 안에는 분석형의 신자들이 소수를 차지하고 있습니다. 그 이유는 한국교회 안에서 자기 주장이 강하고 교회의 문제점을 분석하여 지적하는 분석형 지체들에 대해 오해하여 그 분석형의 성격을 가진 지체들을 믿음이 부족한 사람으로 오해했기 때문입니다.

02 | 각 유형별 맞춤 공략법

연애를 하기가 너무 어렵다고, 짝을 만나기가 너무 힘들다고 투덜거리며 저를 찾아오는 사람들이 있습니다. 지시형 여자와 분석형 남자, 분석형 여자가 주로 그런 말을 하며 저에게 연애유형검사 신청을 하려고 전화를 합니다. 안타까운 것은 지시형과 분석형은 "사람이 먼저다!"가 아니라 "일이 먼저다"라고 말하는 일 중심적인 유형들입니다. 그래서 사람과 관련된 연애나 결혼에 서투릅니다. 그래서 전문적인 상담가의 상담이 그들에게 필수적인 것입니다. 그런 상담을 받지 않으면 두 유형은 노처녀와 노총각으로 늙어가게 됩니다. 그래서 제가 그들이 불쌍해서 돕는 것입니다.

1) 지시형 여자란? : 주로 골드미스 중에 지시형이 많이 있습니다. 지시형의 가장 큰 욕구는 성공입니다. 그런데 우리나라 사람들은 남자를 리드하거나 기가 쎈 여자를 좋아하지 않습니다. 그 이유는 우리나라는 유교

문화로 인해서 남존여비 사상 때문에 남자 위에 군림하여 지시를 잘하는 여자를 좋아하지 않습니다. 그래서 지시형(주도형) 여자들이 남자들에게 인기가 별로 없습니다. 자매 여러분들! 당신은 어떤 유형입니까? 그걸 알아야 연애와 결혼이 풀립니다. 그래서 회장님 스타일의 지시형 여자들은 일에 있어서는 성공을 하지만 자신에게 잘 맞는 짝을 찾기가 어렵습니다.

[지시형 공략법]

지시형의 원초적인 욕구는 "무언가를 주장질 하고 싶고 무언가를 다스리고 싶다"라는 욕망입니다. 회장님처럼 자신에게 무언가를 선택하고 결제하고 결정할 기회와 권한이 생겼을 때 비로소 "내가 살아 있구나", "내가 이 세상에 존재해야 할 이유가 있구나"라고 느낀다는 것입니다. 그런 느낌이 들게 만들어 주는 이성친구를 지시형 유형의 사람들이 애타게 찾고 있는 것입니다. 그래서 지시형의 여자를 공략할 수 있는 방법은 다음과 같습니다.

식당에 갔을 때 지시형 여자에게 먼저 메뉴판을 보여

주십시오. 그녀에게 선택권을 먼저 주십시오. 그러면 그 여자가 자신이 사랑을 받고 있다라고 느끼게 될 것입니다. 그럼 자신을 존중하는 당신을 사랑하게 될 것입니다. 연애는 사랑만 있으면 성립이 됩니다. 하지만 결혼은 사랑도 있어야 하지만 상대에 대한 존경이 있어야 튼튼한 결혼이 되는 것입니다. 지시형 남자와 지시형 여자에게 모든 선택권을 양보하십시오. 그러면 지시형들은 자신이 사랑을 받는다라고 느끼며 그래서 지시형을 쉽게 공략할 수 있는 것입니다.

2) 분석형이란? : 분석형은 연구자 스타일입니다. 분석형의 가장 큰 욕구는 팩트와 사실을 알아내는 것입니다. 분석형은 사교형과 다르게 함부로 모험을 하지 않습니다. 분석형은 무언가 꼼꼼하게 다 분석이 되어야 일과 모험을 시작하는 사람들입니다. 그런데 연애는 모험입니다. 그래서 분석형들이 연애를 잘 못합니다. 분석형은 모험을 싫어합니다. 그리고 완벽주의입니다. 그들은 식당도 아무데나 가지 않습니다. 맛집을 미리 알아보고 갑니다. 누군가에게 호감이 가도 그 사람의 됨

됨이를 장기간 분석하고 "그 사람이 답이다"라는 결론이 나오면 연애를 시작합니다. 그런데 그렇게 장기간 동안 계산만 하다가 다른 사람에게 짝사랑하던 그녀를 빼앗깁니다. 분석형은 사교적인 사람들이 보기에 정답을 찾다가 다른 사람에게 사랑하는 사람을 빼앗기는 답답한 사람들입니다. 그렇다면 분석형의 사람들을 어떻게 공략해야 연애에 골인할 수 있을까요? 이들에게 어떻게 하면 사랑을 받을 수 있을까요?

[분석형 공략법]

이런 분석형을 공략하는 방법은 다음과 같습니다. 분석형은 농담이나 유머를 좋아하지 않습니다. 분석형의 원초적인 욕구는 '팩트가 무엇일까?' '진리가 무엇일까?' '그것이 알고 싶다' '세월호는 왜 침몰했을까?' 이 세상의 의문점을 밝혀내는 것이 이 사람들의 큰 욕구입니다. 그래서 분석형의 사람들은 박사 논문을 쓰거나 교수님이 됩니다. 아니면 시사고발 프로의 PD가 됩니다. 그래서 분석형은 시사문제를 좋아하지 개그 콘서트를 좋아하지 않습니다.

이들에게 섣불리 농담을 했다가 시덥지 않은 인간으로 낙인이 찍힐 수도 있습니다. 학교식당에서 오랜지가 후식으로 나왔을 때 다음과 같이 이야기 하면 안됩니다. '오렌지를 먹은지가 얼마나 오랜지' 이런 썰렁한, 그리고 가슴이 철렁한 농담은 개그 테러와도 같습니다.

그대신 '같이 큐티하기', '큐티한 것을 나누기', '철학 이야기', '진리 이야기'를 질리지 않고 좋아합니다. 필자인 저는 사교형이라서 그런 이야기를 2시간 이상 들으면 질립니다. 분석형은 지적인 사람과 지적인 사랑을 원합니다. 이처럼 분석형은 진지한 대화와 진중한 데이트를 원합니다. 특히나 제가 상담을 하다보면 분석형들은 저의 이야기를 들으며 무표정한 표정으로 제가 하는 말이 옳은지 스캐닝을 하면서 분석을 합니다. 처음에는 저도 그런 진지한 눈길이 부담스러 웠습니다. 그런데 그런 분석형 때문에 제가 더 공부를 많이 하게 되었습니다. 저의 부족한 실력이 탄로가 날까봐 그랬던 것입니다.

분석형은 분석을 하느라 다른 사람의 농담에도 잘 웃지 않습니다. 분석형의 친구들은 호불호가 분명합니다.

그리고 자기가 답입니다. 그래서 사교형들이 저지르기 쉬운 실수가 이 사람들을 변화시키려고 노력한다는 것입니다. 이런 분석형의 친구들은 혼자 충분히 생각하는 것을 좋아합니다. 그러니까 분석형들이 시험에 들어서 교회에 안 나오면 심방을 안가도 됩니다. 왜냐하면 그들은 혼자 충분히 생각하면서 혼자 교회를 갈지 말지 답을 내리기 때문입니다.

성경에서도 분석형이 나옵니다. 욥이 대표적인 분석형입니다. 욥은 다른 사람 일에 참견하기 좋아하는 사교형인 친구들이 아무리 옆에서 떠들어도 혼자 답을 찾아갑니다. 그러다가 하나님을 만나게 됩니다.

분석형은 그래서 다른 사람의 조언도 신중하게 받아들입니다. 분석형은 귀가 얇지 않고 귀가 두껍습니다. 사교형은 기분파라서 금사빠에 귀도 얇습니다. 분석형은 모험을 좋아하지 않습니다. 그래서 연애라는 모험을 잘하지 못합니다. 연애해야 할 때 연애를 안하고 책이랑 연애하고 학위랑 연애를 합니다. 진리 탐구가 그들의 사명입니다. 그래서 가지 않아도 될 대학원에 가고 따지 않아도 될 박사학위를 따는데 결국 쏠로로 하루하

루 늙어가고 있는 것입니다. 분석형 여러분! 누가 옳은 인생을 살고 있는 것인지 저랑 한번 토론을 해봅시다. 꼭 저에게 연락을 주시기 바랍니다. 당신이 가야할 길을 알려주겠습니다.

3) 우호형이란? : 우호형은 말하기 보다 듣기를 좋아하는 사람들입니다. 그래서 다른 사람의 말에 경청을 잘 합니다. 그리고 우호형은 썰렁 개그도 좋아합니다. 그래서 썰렁 개그를 잘하는 사교형들이 우호형들의 사랑을 많이 받습니다. 다만 우호형은 사교형과 다르게 직설적인 말을 하지 않고 말을 돌려서 합니다. 그래서 우호형의 마음이 어떤 마음인지 그 속마음을 알기가 쉽지 않습니다. 교회 여자들 중에 1년 동안 알고 지내도 먼저 형제한테 말을 걸지 않는 조용한 여자들의 대부분은 우호형인 여자들입니다.

[우호형 공략법]

우호형 여자는 자상하고 정직한 사람을 좋아합니다. 우호형은 비판적인 사람을 좋아하지 않고 긍정적인 사람을 좋아합니다. 우호형은 성실하고 신뢰감이 가는 사람을 좋아합니다. 그런데 중요한 것은 우호형은 농담과 진담을 잘 구분하지 못합니다. 그래서 농담을 잘하는 사교형들이 농담을 진담으로 알아듣는 우호형 때문에 진땀을 흘리게 됩니다. 왜냐하면 우호형은 농담을 진담으로 알아듣고 그대로 행동하기 때문입니다.

4) 사교형이란? : 사교형은 듣기 보다 말하기를 좋아합니다. 사교형의 원초적인 욕구는 다른 사람에게 인정을 받는 것입니다. 사교형은 수다로 스트레스를 풉니다. 그래서 "밥을 사주겠다"라는 약속을 남발합니다. 그런데 밥을 사주지는 않습니다. 사교형은 립서비스를 잘 합니다. 그러니까 사교형이 당신에게 칭찬을 한다고 해서 좋아하지 마십시오. 립서비스입니다. 사교형의 원초적인 욕구는 다른 사람에게 인정을 받는 것입니다. 그래서 반대로 이 사람들은 또한 다른 사람의 립서비스에 약합니다. 사교형은 기분파입니다. 참고로 제가 사교형입니다. 사교형은 말이 많습니다. 그리고 혼자 대화를 독점하려고 합니다. 사교형은 일보다는 사람을 좋

아합니다. 주로 사교형은 목회자나 상담가나 영업사원 등등 사람과 관련된 일을 잘 합니다. 사교형끼리 사귀면 둘다 말을 속사포처럼 빠르게 말해서 서로 자기 말을 먼저 들어보라고 자기 무시하냐고 하면서 서로 싸우게 됩니다. 그래서 같은 유형이 아니라 다른 유형끼리 연애하고 다른 유형끼리 결혼하는게 서로를 보완할 수 있는 좋은 방법입니다. 저는 오랜 기간 데이트유형에 대한 연구를 했고 검사를 하는 '검사지'도 가지고 있습니다. 이 연애유형검사를 토대로 많은 미혼청년을 1대 1로 상담을 했습니다. 그리고 좋은 열매가 많았습니다. 청년부, 대학부 수련회에서도 단체로 검사를 하고 조별 발표를 하였는데 그 이후에 공동체 안에서 서로 이해를 하게 되고 용납을 하게 되는 역사가 일어났다는 피드백을 받았습니다.

[사교형 공략법]

사교형은 말하는 것을 좋아합니다. 그래서 사교형끼리 만나면 싸웁니다. 왜냐하면 "야! 내 말좀 들어봐!" 이러면서 자기 이야기를 먼저 하려고 합니다. 그래서 싸웁니다. 저는 사교형이고 아내는 우호형입니다. 우호형은 말하기 보다 듣는 걸 더 좋아합니다. 그래서 우리 부부는 싸우지 않습니다.

사교형은 잔머리를 잘 굴립니다. 왜냐하면 말을 잘하기 때문입니다. 그래서 저는 아내가 요리를 도와달라고 하면 출판사에 원고를 보내주어야 한다며 바쁜척을 합니다. 그렇게 저는 요리와 조리를 피하기 위해서 요리조리 도망 다니는 남편입니다. 하지만 이제부터는 "안 해!"라고 말하는 대신 '아내'를 도와주어야 하겠습니다. 왜냐하면, 이 세상에 중요한 사람은 나뿐이라고 생각하는 사람은 나쁜 사람이기 때문입니다. 양심에 찔리지 않는 가뿐한 삶을 살기 위해 나뿐인 삶은 이제 지양해야 하겠습니다.

03 | 그러면 우리는 어떻게 연애를 해야 합니까?

우리는 4차 산업혁명의 시대를 살고 있습니다. 구구절절 이기적인 조건만을 들어달라고 하나님께 기도하는 '구닥다리 결혼 기도법'은 이제 우리를 더 높은 차원의 결혼으로 이끌어줄 사닥다리가 되어 줄 수 없습니다.

이제 우리는 기존의 스펙추구형 배우자 찾기를 멈추어야 합니다. 우리는 창의적인 사람을 만나야 합니다. 창조주를 의지하여 창의성을 표출할 수 있는 창의적인 사람을 만나야 합니다.

내가 할 일을 하나님께 다 맡길 것이 아니라 내가 선택해야합니다. 그리고 내가 책임을 져야합니다. 제발 내 삶에 일어난 고통에 대해서 하나님께 모든 책임을 전가하지 마시기 바랍니다. 다 나의 부족 때문입니다. 사람들이 착각하는 것이 있습니다. 그것은 바로 사람들은 다른 사람들이 다 자기와 같은 줄 압니다. 그래서 하나님의 눈이 아닌 자기의 눈으로 봅니다. 그래서 보석과 같은 소중한 사람을 잘못 보고 그래서 모든 일을 그르치게 됩니다.

이제 제 말씀을 마치려고 합니다. 연애유형검사를 하면서 분석형을 볼 때 많이 안타까운 느낌을 받게 됩니다. 분석형은 완벽한 배우자를 만나려고 하는데 완벽한 배우자는 없습니다. 우리 모두는 완벽을 위해서 노력을 할 뿐입니다. 또한 사교형은 금사빠(금방 사랑에 빠지는 사람)입니다. 사교형은 첫눈에 반하면 자신의 이성적인 사고가 마비됩니다. 사교형은 이성적이기 보다 감성적인 사람들입니다. 그래서 로맨스에 금방 빠져들어 갑니다. 그래서 사교형은 맹목적으로 한 사람에게 집착을 해서 공동체 안에서 종종 사고를 칩니다. 그리고 물불을 가리지 않습니다. 왜냐하면 상대방도 자신에게 반했다라고 착각하기 때문입니다.

이렇게 연애유형검사를 통해 자신의 연애 유형이 무엇인지 알아야 결혼 날짜를 앞당길 수 있습니다. 그래서 저는 청년부나 대학부 수련회 때 특강 초청을 받으면 꼭 이 연애유형검사를 단체로 하게 합니다.

여러분! 수능에서 답을 고르는 방법은 몇가지 일까요? 수능에서 답을 고르는 법은 바로 두가지입니다. 하나는 오지선다의 문제 중에서 정답을 알면 정답을 고르면 됩니다. 그런데 정답을 모르면 오답을 하나씩 지워가다 보면 정답이 남게 됩니다. 그렇습니다. 그것이 바로 야곱과라헬의 연애 결혼법입니다. 많은 사람을 만나십시오. 그리고 그 사람이 답이 아니라면 관계를 정리하십시오. 그렇게 살다보면 언젠가 정답과 같은 짝이 마지막으로 당신의 마음 속에 남게 될 것입니다.

크리스천의
성윤리

성윤리 조언

[묵상과 묵살]

남성들이여! 매끈한 여자의 다리를 묵상하지 말고 매순간 하나님의 말씀을 묵상하십시오. 당신을 유혹하는 마귀의 제안은 묵살하십시오. 유혹이 닥칠 때 마귀에게 이렇게 말하십시오.

"제 안에는 성령 하나님이 계십니다."

"제 몸은 저의 것이 아니라 하나님의 것입니다."

"저의 몸은 하나님이 거하시는 성전입니다!"

[성폭행]

성폭행은 살인입니다. 성폭행은 사람을 산채로 죽이는 행위입니다.

성폭행을 당한 사람은 살았지만 죽을 맛입니다. 과거의 상처가 생각날 때마다 죽고 싶은 것입니다.

[뽀뽀 vs 키스]

입술 보다 볼에 성감대가 더 많이 분포된 여성도 있습니다. 그러니까 여성의 볼에 뽀뽀하는 것이 입술에 키스하는 것 보다 더 자극적일 수 있다는 것입니다. 그러니까 뽀뽀도 함부로 하지 말아야 합니다. 심한 성적인 자극은 우리의 순결한 신앙 속에 선명한 상처 자국을 남기게 됩니다.

01

성스러운 성 vs 상스러운 성

JACOB
RACHEL
DATING

1. 다음세대 성문제와 대안

"음행을 피하라. 사람이 범하는 죄마다 몸 밖에 있거
니와 음행하는 자는 자기 몸에 죄를 범하느니라. 너희
몸은 너희가 하나님께로부터 받은 바 너희 가운데 계신
성령의 전인 줄을 알지 못하느냐. 너희는 너희 자신의
것이 아니라 값으로 산 것이 되었으니 그런즉 너희 몸
으로 하나님께 영광을 돌리라."(고린도전서 6:18-20)

01 | 성은 하나님이 창조하신 성스러운 선물입니다.

우리의 인체를 구석구석 살펴보면 너무나 신비롭습

니다. 우리의 몸은 소우주와 같습니다.

형제님들! 방에 들어가서 자신의 고환을 유심히 살펴보시길 바랍니다. 물론 문을 잠그고 보세요! 잘못하면 변태로 몰립니다. 고환은 정자를 만드는 정자 공장입니다. 나는 가만히 있는데 심장이 저절로 뛰듯이 고환도 저절로 움직이며 정자를 쉴새 없이 만들어 냅니다. 우리의 몸을 만드신 하나님의 놀라운 계획에 감탄이 터져 나옵니다. 이런 성스러운 성의 세계를 발견한 사람은 하나님의 선물인 성을 함부로 사용하지 않게 되는 것입니다.

하지만 고린도교회는 성을 성스럽게 쓰지 못하고 상스럽게 쓰는 곳이었습니다. 고린도교회는 성적으로 문란하며 성적으로 도덕적인 해이가 만연하는 곳이었습니다. 그런데 문제는 그런 일을 보고도 "쉬쉬" 하며 신자들이 그냥 넘어갔다는 것입니다. 왜냐하면 고린도교회 안의 성적인 타락이 만연했기에, 쉽게 말해 성적인 문제에 있어서 떳떳한 사람이 거의 없었기에 누가 나서서 따끔하게 훈계하지 못했던 것 입니다.

교회 내에서도 참 안타까운 일들이 가끔 있습니다.

새신자와 성관계를 가지게 된 새신자부 부장의 메일을 받은 적이 있습니다. 큰 죄를 범한 그 새신자부 부장은 심한 죄책감에 빠져 자살을 하고 싶다는 이야기를 했습니다. 심각한 시험과 신앙의 슬럼프에 빠지게 된 것입니다. 한 순간의 쾌락이 신앙의 타락을 가져온 것입니다. 왜 이런 일이 일어났을까요?

문제는 새신자 양육 시스템의 문제였습니다. 7주간의 새신자 교육과정을 새신자부장인 형제가 혼자 다 진행했던 것입니다. 그렇게 1대1로 그 형제가 그 자매를 교육하다 보니 둘이 사랑에 빠지게 된 것입니다. 이런 일을 방지하기 위해서는 동성 간에 교육이 이루어지도록 해야 할 것입니다.

그런데 이런 성적인 아픔을 겪게 된 그 형제와 상담하면서 그 형제가 교회 출석을 5년 정도 했지만 '우리의 몸이 성령의 전'이라는 말씀을 저에게 처음 들어보았다라고 고백을 하였습니다. 심지어 새신자부 부장인데 말입니다. 저는 그 형제의 고백을 듣고 충격에 빠지게 되었습니다. 물론 몇몇 교회의 일이겠지만 한국교회가 청년들에게 성공과 복에 대한 말씀은 열심히 가르치지만 이성교제와 성 그리고 결혼에 대한 말씀은 그 중요성에 비해서 많이 전해지지 않는다는 것입니다. 우리의 인성과 우리의 몸은 우리의 신앙만큼이나 중요한 주제인 것입니다.

그렇습니다. 우리의 몸은 성령님께서 거하시는 전입니다. 성령을 받게 되면 다음과 같은 현상이 일어납니다. 요한복음 7장 37절에서 39절 말씀에 보면 예수님을 믿는 자는 그 배에서 생수의 강이 샘물처럼 솟구쳐서 밖으로 흘러나오게 된다고 말씀하고 있습니다. 생수의 강은 곧 예수님을 믿는 자들이 받을 성령을 가리켜 말씀하신 것이라는 말씀도 나옵니다.

"나를 믿는 자는 성경에 이름과 같이 그 배에서 생수의 강이 흘러나리라 하시니 이는 그를 믿는 자의 받을 성령을 가리켜 말씀하신 것이라. (예수께서 아직 영광을 받지 못하신 고로 성령이 아직 저희에게 계시지 아니하시더라)" (요한복음 7:38-39)

이렇게 성령을 받은 자는 그 배에서 생수의 강이 흐르는 역사가 일어납니다. 하지만 반대로 자신의 '배'를 신으로 삼는 자들이 있습니다. 여기서 '배'란 자신을 기쁘게 하는 쾌락의 도구로 쓰일 몸을 상징하고 있습니다.

"그들의 마침은 멸망이요 그들의 신은 배요 그 영광은 그들의 부끄러움에 있고 땅의 일을 생각하는 자라." (빌립보서 3:19)

자신의 배를 신으로 삼는 자들은 가룟 유다와 같이 자신의 눈앞에 보이는 유익을 위해 하나님을 배신하는 자들이 될 수 밖에 없습니다. 하지만 갈라디아서 5장 24절에 보면 "그리스도 예수의 사람들은 육체(배)와 함께 그 정욕과 탐심을 십자가에 못 박았느니라"라고 말씀하십니다. 여기에서 '정욕'은 세상 것에 대한 애착을 의미합니다. 또한 탐심은 '강한 흥미'라는 의미도 내포하고 있습니다. 그렇기 때문에 중독을 야기 시키는 '강한 흥미'도 자신의 배를 신으로 삼는 죄악된 우상 숭배의 행위인 것입니다. 왜냐하면 무엇엔가 중독되어 있는 그 시간에는 절대 하나님을 생각할 여유가 없기 때문입니다.

02 | 우리의 몸은 성령의 전입니다.

이성과 부적절한 성관계를 하게 되면 내 마음속에 점점 이성이 차지하는 자리가 커져 가게 됩니다. 그러면 그 나머지 공간에 하나님이 계셔야 하는데 내가 하나님보다 더 의지하는 대상이 점점 커질 때마다 내 안에 하나님이 계셔야 할 자리는 점점 작아집니다.

몇몇 자매들로부터 상담메일을 받은 적이 있습니다. 그 내용들을 살펴보면 안타까운 내용들이 적지 않습니다. 자매들이 조금씩 조금씩 세상적인 유혹으로 인해 마음이 잠식당하게 됩니다. 그래서 점점 이성친구의 정욕을 허용하다가 남성들과 의도치 않게 성관계를 하게 됩니다. 특히나 유학을 떠나서 객지에 있을 때 쉽게 실족하여 타락하는 경우도 보게 됩니다. 요셉이 객지에서 보디발의 아내에게 유혹을 받았듯이 객지에 나가 있으면 많은 유혹을 받게 됩니다. 해외에 나가면 같은 우리나라 사람을 만나면 너무나 반갑게 되고 서로 강하게 끌리게 됩니다. 또한 차 안에서 장거리를 달리는 동안 남녀가 서로 눈이 맞을 수도 있습니다. 그래서 더욱 쉽게 그런 깊은 관계에 빠지게 되는 것입니다.

지금의 시대는 소돔과 고모라를 능가하는 시대입니다. 언제 어디서든 말씀을 보고 기도하기는 어렵지만 언제 어디서든 마음만 먹으면 스마트폰을 통해 음란물을 볼 수 있는 시대를 살고 있습니다. 마귀는 이처럼 죄악된 인터넷 콘텐츠를 통해 이 세상 어디든지 존재하려고 노력을 합니다. 그렇습니다. 마귀가 하나님의 편재성(어디든지 존재하는 속성)을 흉내 내고 있는 것입니다.

우리가 순결을 지키려 하면 핍박을 받고 "고리타분하다", "미쳤다"라는 소리를 들어야 하는 시대를 우리가 살고 있는 것입니다. 그래도 우리는 세상과 타협하지 말아야 합니다. 그래서 우리는 세상과 다른 스킨쉽을 해야 합니다. 육체의 스킨쉽이 아닌 마음의 스킨쉽과 영혼의 스킨쉽으로 상대를 위로하고 세워줄 수 있어야 합니다.

그렇다면 육체적인 스킨쉽은 결혼 전에 어디까지 해야 하는 것입니까? 다음 장에서 설명을 해드리겠습니다.

2. 단계별 스킨쉽의 의미

"사랑은 무례히 행하지 아니하며 자기의 유익을 구하지 아니하며 성내지 아니하며 악한 것을 생각하지 아니하며 불의를 기뻐하지 아니하며 진리와 함께 기뻐하고 모든 것을 참으며 모든 것을 믿으며 모든 것을 바라며 모든 것을 견디느니라"(고린도전서 13:5-7)

01 | 단계별 스킨쉽의 의미와 책임

단계별 스킨쉽의 의미와 책임에 대해서 살펴보고자 합니다. 스킨쉽은 단계별로 서로에 대한 약속의 의미를 가지고 있습니다. 각 단계에 담긴 의미와 약속에 충실하기만 한다면 큰 문제가 없을 것입니다. (저의 개인적인 경험과 의견으로는 원론적으로 스킨쉽은 손도 잡지 않는 것이 좋습니다.)

1) 손을 잡는 것은 서로 돕고 좋은 것을 나누는 사이가 된다는 것을 뜻합니다.

2) 어깨동무를 하는 것은 서로의 힘든 짐을 대신 어깨로 지고 가겠다라는 헌신의 의미가 되어야 합니다. 어깨는 무거운 짐을 지는 부분이기 때문입니다. 어깨동무를 한다는 것은 서로의 짐을 기꺼이 지겠다라는 약속입니다.

3) 포옹을 한다는 것은 자신의 몸을 던져 상대방을 보호하겠다는 헌신의 고백이 되어야 합니다. 서로를 자신의 몸으로 감싸 안기 때문입니다. 실화입니다. 커다란 철근이 떨어지는 공사장에서 자신의 아이를 보호하기 위해 아이를 품으로 덮고 떨어지는 철근에 맞아 아이를 대신해 죽은 어머니의 대한 실제 사건은 우리에게

많은 교훈을 줍니다. 포옹은 내가 너 대신에 죽겠다라는 표현입니다.

4) 키스라는 것은 "내가 너의 입을 책임지겠다"라는 뜻입니다. 키스는 나의 입술이 너의 것이 되고 너의 입술이 나의 것이 되는 것입니다. 그렇기 때문에 키스란 '내가 상대방의 입을 책임지겠다'라는 고백의 표시입니다. 곧 '상대방의 입에 먹을 것을 넣어주겠다'라는 다짐입니다. 남자는 '돈을 벌어서 그녀의 입에 먹을 것을 넣어주겠다'라는 다짐입니다. 여자는 '요리를 해서 남자의 입에 먹을 것을 넣어주겠다'라는 다짐입니다. 그렇습니다. 키스는 서로의 입을 맞추는 것입니다. 입으로는 음식을 먹고 생명을 이어갑니다. 키스는 자신의 입을 상대방에게 맡기는 것입니다.

이것은 상대방의 입을 책임지겠다는 약속입니다. 그러므로 키스를 하는 사이라면 자신이 일을 하고 땀을 흘려 상대방을 먹여 살려야 합니다. 그런 관계라면 당연히 연애하는 사이가 아닌 결혼한 사이여야 합니다. 그래서 저는 결혼하기 전까지는 미혼남녀가 서로 키스를 하지 않아야 한다고 생각합니다.

또한 남자들은 (폐쇄적인 공간에서) 키스를 할 때 입만 맞추는 경우는 극히 드뭅니다. 혀와 혀가 만나는 진한 키스를 할 때는 자동적으로 자연스럽게 남자의 손도 함께 움직여 여자의 몸을 만지게 됩니다. 또한 그런 애무들이 각자의 성욕에 불을 질러 더 강한 자극을 추구하게 합니다. 그래서 그런 불장난이 예기치 못한 사고를 야기 시킵니다. 그래서 미혼청년들은 키스를 조심해야 합니다.

왜냐하면 우리의 침 속에는 성호르몬이 담겨져 있기 때문입니다. 그래서 남자의 침과 여자의 침이 섞이는 키스를 하게 되면 서로가 흥분하게 되고 더 큰 자극을 바라게 되는 것입니다. 그래서 성관계까지 하게 되는 것입니다.

명심하십시오. 쾌락은 타락을 가져옵니다. 세상적인 자극은 우리의 영혼에 상처 자국을 남깁니다. 그러니까 너무 진한 키스를 조심하십시오.

오래전 미국의 과학자들은 흥미로운 발견을 하였습니다. 그들은 남자의 침 속에 포함되어 있는 테스토스

테론의 양이 여자의 뇌 속에 있는 성적 흥분 중추를 활성화시킬 수 있을 정도의 양이라는 것을 발견했습니다. 그렇기 때문에 프렌치 키스를 하다보면 성관계로 이어질 수 있다는 것을 염두에 두어야 합니다. 정말 건전하고 바람직한 이성교제를 원하고, 건강한 결혼을 원한다면 우리는 결혼 전에는 진한 키스를 삼가야 합니다.

나의 쾌락을 위해 남을 이용하여 남에게 상처를 주지 마십시오. '심는대로 거둔다'라는 진리를 외면하지 마시길 바랍니다. 내가 남에게 이유 없이 상처를 주면 나도 언젠가 이유 없는 고통을 받게 되는 것입니다. 내가 남에게 상처를 주면 나도 그만한 상처를 언젠가 받게 되어있고 괴로움을 겪게 됩니다.

심는대로 거두는 것입니다. 그것이 성경의 진리입니다. 나의 가정과 나의 자녀가 잘못 될 수도 있습니다. 하나님은 사랑의 하나님이시지만 공의의 하나님이십니다. 그렇기 때문에 우리는 하나님을 경외하는 삶을 살아야 합니다.

5) 애무하는 것은 서로의 몸을 서로가 주관하는 것입

니다. 애무는 곧 "넌 내 것이요. 난 너의 것이다"라는 뜻입니다. 당연히 부부일심동체라는 말이 있듯이 애무는 부부관계에서만 허용되어야 합니다.

6) 섹스를 하는 것은 두 몸이 한 몸이 되는 것입니다. 섹스는 상대방과 영적으로도 한 몸이 된다라는 뜻입니다. 그래서 하나님이 맺어주신 짝 외에는 섹스의 상대로 생각해서는 안되는 것입니다. 섹스는 또한 상대방을 위해서 몸을 던지겠다라는 헌신의 약속입니다. 다시 말씀드리지만 섹스는 단순히 육체만의 결합이 아닙니다. 섹스는 나의 영혼과 상대방의 영혼이 결합을 하는 것입니다. 그렇기 때문에 믿지 않는 사람과 결합을 하게 되면 나의 영혼에 '불신의 영'이 영향을 주게 됩니다. 그래서 솔로몬도 우상을 숭배하는 이방여인과 성관계를 한 이후에 안좋은 영적 영향을 받아서 그들과 똑같이 우상을 숭배하게 된 것입니다. 이처럼 잘못된 '성적 결합'은 '영적 결합'을 가져와서 하나님을 멀리하게 만듭니다. 지정의가 서로 균형을 이루고 조화를 이루어 자신을 절제하는 신앙인은 쉽게 유혹에 빠지지 않습니다.

요셉이 그런 사람이었습니다.

명심하십시오. 지정의가 조화롭게 균형이 잡혀 있지 않은 형식적이고 가식적인 신앙은 반드시 균열을 가져오고 그 빈틈 사이로 마귀가 틈을 타게 됩니다.

02 | 크리스천 데이트의 원칙을 지킵시다!

우리는 데이트를 할 때 겨울철을 조심해야 합니다. 특히나 어디를 갈지 무엇을 할지 목적지를 정해 놓고 만나지 않으면 서로가 육체적인 유혹에 빠지기 쉽습니다. 특히나 요즘에는 멀티방이나 룸까페가 많아서 더욱이나 성적인 접촉이 일어나기 쉽습니다. 날씨가 추워지면 따뜻한 밀폐된 공간을 많이 찾습니다. 그런데 우리는 밀폐된 공간에 두 사람만 남아 있는 상황을 피해야만 합니다. 여성분들이 그런 상황을 피해야 피해를 입지 않습니다. 형제가 자제를 할 수 없다면 자매가 바른 길로 이끌어 주어야 합니다. 우리는 누구나 상황과 여건만 만들어지면 성적인 죄에 너무 쉽게 빠지는 사람들입니다. "유혹을 이기겠다!"라는 생각은 어리석은 것입니다. 유혹은 싸우는 게 아니라 피하는 것입니다. 성

(性)은 데이트할 때는 '지켜주는 것'이고, 결혼해서는
'누리는 것'입니다.

3. 현장감 있는 조언들

01 | 맹목적으로 늑대와 함께 쾌락을 누리는 사랑

목적이 없는 맹목적인 사랑을 하다 보면 늑대나 꽃뱀은 우리를 이용해먹고 우리를 매몰차게 버립니다. 맹목적인 사랑은 우리의 아름다운 가치들을 땅 속에 매몰시켜 버립니다. 그렇기 때문에 우리는 정욕적이고도 맹목적인 사랑에 빠지지 말아야 합니다. 맹목적인 사랑은 파괴적인 사랑이 될 수 있습니다. 맹목적인 사람은 파괴적인 사람이 될 수 있습니다.맹목적인 사랑은 건전한 목적이 없는 사랑입니다. 맹목적인 사랑은 서로를 맹신

하는 사랑입니다. 불륜의 사랑을 맹목적으로 하다가 상대방을 맹신하다가 망신을 당할 수도 있습니다.

실화를 각색하여 말씀드립니다. 언젠가 어떤 형제가 저에게 메일을 보냈습니다. 상담을 해달라고 말했습니다. 자기가 충격을 받았는데 여자친구가 놀라운 이야기를 한 것입니다. 두 사람이 사귄지 100일이 되었는데 여자친구가 여자친구의 과거를 스스로 고백했다는 것입니다. 여자친구가 말을 했습니다. "오빠! 나 과거에 낙태수술을 잘못해서 자궁이 손상이 되어서 결혼을 해도 아이를 낳을 수 없어"라고 자백을 한 것입니다. 그 형제는 그 이야기를 듣고 고민하게 되었던 것입니다.

"목사님! 저는 억울합니다. 저는 순결을 지키며 살았습니다. 그런데 하나님은 왜 저에게 순결을 지키지 않은 여자를 허락한 것일까요?"

저는 "현실적으로 힘들면 헤어져도 좋다"라고 그 형제에게 말했습니다. 그런데 그 형제가 이렇게 답을 합니다.

"목사님! 제가 큰 맘 먹고 그 여자의 과거까지 다 품도록 하겠습니다."

저는 '요즘 시대에 이런 훌륭한 형제가 있는가'하는 생각이 들었습니다. 그리고 그 형제를 칭찬해 주었습니다. 기회가 되어서 기독교방송에 제가 출연했습니다. 그래서 그 형제의 미담을 소개했습니다. 그런데 2주후에 그 형제에게 다시 전화가 왔습니다.

"목사님! 제가 아무리 생각해 봐도 그 자매를 품지 못할 것 같습니다. 그래서 헤어지기로 했습니다."

저는 그 이야기를 듣고 만감이 교차했습니다. 그 형제는 자신의 아이를 가지지 못한다는 사실 때문에 그 여자와 결혼을 할 수 없다라는 입장이었습니다. 아마 자신의 과거 때문에 사랑하는 형제와 결혼하지 못한 그 자매의 마음은 더 찢어졌을 것입니다. 이렇게 순간의 잘못이 평생을 좌우하게 되는 것입니다. "성문제 예방교육"이 많은 교회 안에서 이루어져야 할 것입니다. 이제 우리가 어떻게 하면 맹목적인 사랑에 빠지지 않을지 그 대책에 대해서 살펴보도록 하겠습니다.

02 | 어떤 연구에 따르면 사랑에 빠지는 것은 호르몬의 작용이라고 말합니다.

사랑에 빠지면 사람들이 아기와 같이 변한다고 합니다. 사랑에 빠지면 전보다 더 유치해 진다고 합니다. 사랑에 빠져서 서로가 서로를 사랑을 하게 되면 별 일이 없어도 웃음이 나고 행복함을 느끼게 됩니다. 그 사람만 있으면 뭐든지 다 할 수 있을 것 같습니다. 상대방이 꼭 슈퍼맨처럼 든든하게 느껴집니다.

하지만 그런 착각 현상도 오래가지는 못합니다. 아무리 서로가 서로를 뜨겁게 사랑해도 사랑은 분명히 식을 때가 있습니다. 뜨거운 사랑이 식어서 따가운 사랑으로 바뀔 수도 있습니다.

왜냐하면 사랑에 빠지는 것은 호르몬의 작용으로써 그런 낭만적인 사랑은 2년을 넘기지 못합니다. 호르몬 분비가 멈추면 권태기가 찾아 옵니다.

03 | 좋은 커플은 안 싸우는 커플이 아닙니다.

좋은 커플은 싸우기는 하더라도 금방 싸움의 원인이 무엇인지 밝혀내는 커플입니다. 좋은 커플은 싸움의 원인을 남이 아닌 자신에게서 찾는 커플입니다. 좋은 커플은 싸움의 원인을 서로 먼저 고치고 갈등을 해결해내는 커플입니다. 그런데 이런 갈등 해결책이 없이 갈등을 그저 마음 속 아래로 미루어두면 그 갈등이 나중에 쌓여서 나중에는 사랑의 갈증을 일으키고 '관계의 복통'을 야기하고 맙니다.

04자신의 좋은 점만을 보여주려고 하는 데이트는 사기와 같습니다.

그것은 연극을 하는 것이지 진정으로 교제를 하는 것은 아닙니다. 있는 모습 그대로 솔직히 보여주는 자신만만한 교제를 시작해 봅시다. 그런 나를 이해해 줄 사람이 분명히 있을 것입니다. 있는 모습 그대로 만나야 정도 쌓이고 사랑도 싹트는 것입니다. 보여주고 싶은 것만 보여주는 사랑은 사랑이 아니라 거래이며 투자인 것입니다. 서로의 단점은 숨기고 좋은 점만 보여주다가 갑자기 결혼을 하면 서로의 예기치 못했던 원래의 부족한 모습 때문에 갈등 하게 됩니다.

05 | 사랑하는데 왜 서로가 싸우게 되는 것입니까?

우리가 서로 싸우는 이유는 바로 다음과 같은 이유입니다. 바로 서로가 서로를 이해할 수 없기 때문에 싸우는 것입니다. 서로 살아온 환경이 다르고 경험이 다르기 때문에 어떤 문제가 생기면 그 문제를 해결하는 모범 답안이 서로 다르기 때문에 싸우는 것입니다. 하지만 그럴 수록 서로 소통해야 합니다. 소통이 없으면 싸움의 고통은 멈추지 않을 것입니다. 서로 이해할 수 없기 때문에 우리는 서로 더 많이 이야기해야만 하는 것입니다.

우리는 사랑한다 하면서 왜 서로 싸우고 있습니까?

사랑하기 때문에 싸우는 것입니다. 서로를 이해하기 위해서 싸우는 것입니다. 사랑하지 않는다면 싸우지도 않습니다. 사랑의 반대말은 미움이 아니라 무관심이기 때문입니다. 아직 당신에게 관심과 애정이 있기에 싸움이 일어나는 것입니다. 우리는 상대방을 이해할 수 없어도 사랑할 줄 알아야 합니다. 이해하기 때문에 사랑하는 것이 아니라 사랑하기 때문에 이해하는 것입니다.

06 | 21세기는 협력의 시대입니다.

20세기의 세계는 어떤 사람이 혼자 잘나고 혼자 뛰어나면 뭐든지 해도 성공을 할 수 있는 시대였습니다. 예측이 가능한 시대였기 때문이었습니다.

하지만 21세기는 혼자 똑똑하고 잘났다고 살아남을 수 있는 시대가 아닙니다. 21세기에는 이제 서로 협력하지 않으면 성공할 수 없는 시대입니다. 왜냐하면 21세기는 우리가 예측하지 못했던 많은 문제를 양산하고 있기 때문입니다.

그렇습니다. 다시 말해 21세기는 문제해결력을 가진 사람이 성공하는 시대입니다. 문제가 무엇인지 볼 수 있는 분별력을 가지고 문제를 해결하기 위해 협력할 줄 아는 능력을 가진 사람은 성공할 것입니다. 그리고 서로의 문제를 서로가 고쳐줄 줄 아는 커플이라면 그들은 강력한 커플이 될 수 있을 것입니다. 하나님의 말씀이라는 장작을 모으고 기도라는 불을 붙여서 식어져 가는 사랑이 다시 타오르게 한다면 두 사람은 아름다운 사랑을 영원히 이어갈 수 있을 것입니다.

4. 야동을 피해 교회로 달려갑시다.

01 | 성적인 욕구 vs 성적인 욕심

성욕은 더러운 것입니까? 아닙니다. 성욕은 자연스러운 것입니다. 하나님께서 주신 것입니다. 다만 관리를 잘해야 합니다.'성적인 욕구'가 다른 사람을 해칠 정도의 '성적인 욕심'이 되어서는 안됩니다. 성적인 욕구는 건강한 것입니다. 하지만 남을 해하는 과도한 성적인 욕심은 남을 성희롱 합니다. 욕구는 남을 해치지 않습니다. 하지만 욕심은 남을 해칩니다. 그래서 탐심은 우상숭배라고 말하는 것입니다.

식욕이나 성욕이나 모두 하나님께서 계획이 있으셔서 우리에게 허락하신 본능적인 욕구입니다. 인간의 생명을 이어가기 위해 필요한 것입니다. 다만 그런 본능과 욕심을 가지고 다른 사람을 해롭게 하지는 말아야 합니다.

02 | 그럼 죄인인 우리는 어떻게 정욕을 이길 수 있을까요?

어둠을 물리칠 수 있는 가장 빠른 길은 빛을 비추는 일입니다. 어둠에 집중하고 주목하면 어둠을 이길 수 없습니다. 어둠을 그냥 놔두고 빛된 일에 열심을 내야 합니다. 음란물 중독을 이기는 방법도 마찬가지입니다. 음란물 앞에서 "이겨야지! 이겨야지!" 해도 이기기 힘든 경우가 많이 있습니다. 하지만 주님을 위해 바쁘게 살면 죄를 짓는 시간이 줄어듭니다.

야동을 한번도 안본 남자는 있어도 야동을 한번만 본 남자는 없습니다. 그리고 남자가 언제 야동을 안보게 되는지 아십니까? 바로 컴퓨터가 고장나면 야동을 보지 않게 됩니다.

실화를 말씀드립니다. 어느날 순희(가명)라는 자매에게 전화가 옵니다. 철수(가명)라는 남자친구의 전화였습니다. 그 남자친구는 교회 청년부 회장이었습니다.

"순희야! 나 기도제목이 있어! 기도해 줘"

"오빠! 기도제목이 뭔데?"

"응! 지금 내가 야동을 보고 있어! 그런데 시험에 들지 않게 기도해줘! 안되겠다. 나 교회가서 기도해야겠다. 야동을 절제할 수 있게 해달라고 기도해야겠다."

순희는 당황했지만 솔직하게 자신의 약점을 공유하고 또한 바로 죄의 자리를 떠나 교회로 달려가는 그 형제가 믿음직스러웠습니다. 형제 여러분들! 철수와 같이 죄의 자리에서 철수를 하시기 바랍니다.

5. 늑대 분별법

    요즘은 사람을 속이기 쉬운 시대입니다. 그래서 요즘에는 카카오톡의 대화 내용을 조작할 수 있는 앱도 있습니다. 또한 어떤 늑대는 페이스북 계정을 여러 개 쓰면서 여자를 농락하는 경우도 있습니다. 여자친구와 찍은 사진을 페이스북에 인증 사진이라고 올립니다. 여자친구는 이제 그 남자랑 사귀게 되었다라고 착각을 하게 됩니다. 그래서 그 인증 사진을 믿고 남자친구의 성적인 요구에 다 따릅니다. 그런데 몰래 그 남자친구의 인스타그램을 찾아 들어가 보았더니 다른 여자에게 치근

덕거리는 모습을 보게 되었습니다.

그렇습니다. 우리가 이성친구에게 홀딱 빠져서 이성(합리성)을 잃어버리면 우리는 반드시 이성친구를 잃어버리게 됩니다. 절제의 미덕이 있어야 건전한 교제를 유지할 수 있습니다. 성은 하나님께서 창조하신 신비로운 것입니다. 그러니까 성을 가지고 장난을 치면 안됩니다. 그래서 픽업 아티스트나 늑대나 꽃뱀은 음란한 죄를 짓고 있는 것입니다.

01 | 장기간의 비밀연애는 위험합니다.

늑대들은 주로 비밀연애를 하자고 주장합니다. 많은 사람들이 그 유혹에 넘어갑니다. 그렇게 부모님 몰래 깊은 관계 속에서 은밀히 진행한 비밀 연애는 아픔을 남기고 미련을 남깁니다. 왜냐하면 주위 사람의 도움이 없이 늑대의 의도대로 진행된 연애이기 때문에 늑대는 여자의 몸을 노략하려고 합니다.

스킨쉽을 하기 위해서 여자를 속이는 비밀연애 제안을 여자들은 조심해야 합니다. 안타깝지만 순진한 여자는 늑대의 비밀연애 제안을 받아들입니다. 왜냐하면 그 남자를 보자 마자 첫눈에 반했기 때문입니다. 그래서 그 사람의 조종에 쉽게 흔들리는 존재가 됩니다. 남자는 자신감을 가지고 더 담대하게 자극적인 말로 여자를 유혹합니다. 늑대와 사랑에 빠진 여자는 늑대인 남자친구를 따라 모텔로 놀러갑니다. 그리고 성관계를 맺습니다. 그리고 나서 남자는 그 여자에게 질리게 됩니다. 그리고 새로운 여자를 만나게 됩니다. 하지만 여자는 아직도 그 떠난 남자에게 미련을 가지게 됩니다. 참으로 미련한 연애입니다.

그렇습니다. 이처럼 늑대와의 장기간의 비밀연애는 많은 미련을 남기는 미련한 연애입니다. 이런 어이없는 실연은 미혼청년들에게 많은 시련을 가져옵니다. 미국 뇌과학연구소의 연구에 따르면 25세 미만의 청소년과 청년들은 뇌에서 자기를 통제할 수 있는 '통제호르몬'이 나오지 않는다고 합니다. 그래서 성적인 유혹에서 자신을 혼자 통제하지 못한다고 합니다. 그래서 25세 미만의 청년들은 반드시 멘토를 두고 연애를 진행해야 합니다. 특히나 여자는 더 그렇습니다.

물론 비밀연애가 허락되는 상황도 있습니다. 교회 안

에서 주위 사람들의 시기와 질투 때문에 두 사람이 온전한 데이트를 못할 것 같은 상황에서는 두 사람의 관계가 돈독해지기 전까지 비밀연애를 얼마 간은 할 수 있습니다. 둘이 사귀면 온갖 루머로 둘을 깨뜨리려는 세력이 교회 안에 있기 때문입니다. 하지만 그런 긍정적인 비밀연애도 교역자에게 허락을 받고 시작해야 합니다.

02 | 남자의 연애 진도와 여자의 연애 진도는 다릅니다.

남자의 마음이 열리는 속도와 여자의 마음이 열리는 속도는 다릅니다. 남자는 빠르고 여자는 느립니다. 다 그런 것은 아니지만 보통의 남자의 마음은 미인을 보면 마음이 확 열립니다. 그리고 그 여자와 잠자리를 가지면 다시 마음이 확 닫혀버립니다. 그리고 그렇게 버림받은 여자의 마음도 다쳐버립니다. 남자는 마음이 한번에 확 열리고 육체적 만족이라는 목적을 이루고 나면 한번에 닫힙니다. 하지만 여자는 남자가 사귀자고 해도 한번에 허락하지 않습니다. 왜냐하면 마음이 천천히 열리기 때문입니다. 그 남자를 향한 여자의 마음은 서서히 열리고 서서히 닫힙니다. 그래서 남자가 여자를 떠나면 그 남자를 향한 그 여자의 마음은 아직도 천천히 닫히고 있기 때문에 남자를 잊지 못합니다. 그래서 남녀가 이별 후에 손해를 많이 보는 편은 여자인 경우가 많이 있습니다.

이 시간 만약 당신에게 성적인 죄가 있다면 회개하시기 바랍니다. 숨겨 놓은 죄 때문에 마귀랑 실랑이를 벌이지 마시고 신랑이 되시는 예수님께 나아가 회개하시기 바랍니다. 회개하면 예수님께서 당신을 희게 하실 것입니다. 쉬게 하실 것입니다.

〈늑대가 자주 쓰는 말〉

1. 너가 나의 마지막 여자야!
2. 이거 너에게만 말하는 거야! 누구한테도 말한 적 없어!
3. 너 키스 잘하니?
4. 너랑 결혼하고 싶다!(늑대들은 결혼 프로포즈를 말로만 합니다. 결혼 프로포즈는 말로만 하는게 아닙니다. 이벤트나 꽃다발이 없는 프로포즈는 의심해 보십시오!)

6. 사귐 vs 교제

01 | 사귐 vs 교제

여러분! 사귄다는 말보다는 교제한다는 말을 쓰길 바랍니다. 사귄다라는 뜻은 '내가 널 소유한다'라는 뜻입니다. 그래서 이렇게 말들을 합니다.

"넌 내꺼야! 그러니까 다른 사람은 쳐다보지도 마!"

하지만 착각하지 마십시오. 우리는 주님의 것이며 주님은 하나님의 것입니다. 세상적인 사귐의 끝은 헤어짐입니다.하지만 우리는 하나님의 자녀이기 때문에 하늘 나라에서도 영원히 함께 거할 존재들입니다.그러니까 믿는 이성친구에게 함부로 행동하지 마시길 바랍니다.상대방의 순결을 지켜주시기 바랍니다. 주님 안에서 우리의 교제는 저 하늘 나라에서도 영원하기 때문입니다.

02 │ 하나님은 여러가지 다양한 남녀관계의 질서를 허락하십니다.

우리는 주 안에서 이미 하나입니다. 그 하나됨을 지켜나가야 합니다. 어떻게 보면 '하나되게 해주세요'라고 기도하는 것보다는 '하나 되게 하신 것을 지켜나가게 해주세요'라고 기도하는 것이 더 정확한 기도일 것입니다.

우리는 겸손한 마음과 선한 마음으로 미래의 배우자를 위해 기도해야 합니다. '내 뜻대로 말고 하나님 소원대로 하옵소서'라고 기도해야 합니다.

하나님은 질서의 하나님이시기에 우리의 마음 속에 질서를 심어 놓으셨습니다. 이성을 보는 족족 사랑에 빠지고 좋아하게 만드신 것은 아니라는 것입니다.

역설적인 이야기이지만 '저 사람을 꼭 사귀고 말겠다'
라는 강박관념과 욕심에서 벗어날 때 비로소 그 사람과
가장 최선의 관계를 가질 수 있는 마음의 준비가 되는
것입니다.

하나님의 방법으로 이루어지는 교제는 바로 결과도
아름답지만 과정도 아름다운 교제입니다. 하나님이 정
하신 남녀 관계에는 영적인 '남매관계'도 있고 '친구관
계'도 있고 '선후배 관계'도 있을 수 있습니다. 나에게
가장 원하시는 관계성이 무엇인지 분별합시다. 하나님
이 나에게 허락하신 그 다양한 남녀교제의 풍성함을 진
리 안에서 모두 누려야 건강한 신앙인으로 발돋움 할
수 있습니다.

성경적인
배우자 찾기

Chapter

05

합당한 배우자 기도법

JACOB
RACHEL
DATING

1. 안목의 정욕이 가득찬 짝사랑

"이 세상이나 세상에 있는 것들을 사랑하지 말라 누구든지 세상을 사랑하면 아버지의 사랑이 그 안에 있지 아니하니 이는 세상에 있는 모든 것이 육신의 정욕과 안목의 정욕과 이생의 자랑이니 다 아버지께로부터 온 것이 아니요 세상으로부터 온 것이라 이 세상도, 그 정욕도 지나가되 오직 하나님의 뜻을 행하는 자는 영원히 거하느니라"(요한1서 2:15-17)

01 | 우리는 이기적인 사랑을 버려야 합니다.

나만을 사랑하는 사람은 낭만적인 사랑을 상대에게 베풀 수 없습니다. 배우자 기도는 나를 위해서 하는 것이 아니라 내가 만날 상대를 위해서 해야 하는 것입니다.

어느 순간 내가 누군가를 사랑하게 됩니다. 그 사랑을 하게 만드는 뜨거운 마음은 하나님이 내 속에 심어 주신 신비한 마음입니다. 그런데 나에게는 상대를 향한 뜨거운 마음을 주시는데 상대에게는 나를 향한 뜨거운 마음을 하나님이 주시지 않습니다. 그래서 그 사람이 나를 좋아하지 않는 것입니다. 그렇기 때문에 하나님이 나에게 그녀를 허락하지 않으면 포기할 줄 알아야 합니다.

애매한 사랑은 빨리 끝내십시오. 왜냐하면 애매한 사랑은 내가 애를 먹고 매를 맞고 한계를 드러내고 끝나기 때문입니다. 애매한 사랑은 시간을 오래 끄는 만큼 나의 상처도 커집니다. 어리석은 '썸'은 나의 마음 속에서 내면의 '쌈'과 갈등을 일으킵니다. 사실 '썸'이라는 말은 세상적인 말입니다. '썸'은 이기적인 것입니다.(한 남자가 여러 여자와 동시에 썸을 타는 행위, 어장을 관리하는 경우를 말씀드리는 것이니 오해하지 마시기 바랍니다.) '썸'은 자신의 잘못을 책임을 지지 않습니다. 그렇습니다. 누군가에게 '썸'은 자신의 양다리를 합리

화 하기 위한 손쉬운 용어일 뿐입니다. 왜냐하면 여러 명과 동시에 썸을 타도 누가 뭐라고 하지 않기 때문입니다. 그 썸에 이용당하는 여자들이 불쌍한 뿐입니다.

02 | 성적인 이끌림에 이끌려 배우자를 만나면 안됩니다.

지금 말씀드리는 내용은 메일로 상담한 상담사례입니다. 한 여자의 맹목적인 짝사랑에 관한 이야기입니다. 우리는 어리석은 짝사랑을 그만두어야 합니다. 그 여자는 상대방의 진짜 모습을 모르고 상대방에게 속고 있습니다. 그녀는 일단 그 사람의 섹시한 외모가 마음에 들어서 사랑에 빠지게 되었습니다. 그런데 사랑에 빠져서 그녀가 반드시 체크해야 할 그 사람의 단점을 체크하는 일을 빠뜨리게 됩니다. 그러면서 마귀가 그녀를 성적인 유혹의 수렁으로 빠뜨리게 됩니다.

그런데 이와는 반대로 여자가 먼저 남자를 유혹하는 경우도 있습니다. 어떤 여자는 여름수련회에서 찬양 중에 손을 들고 찬양하는 남자를 보다가 그 남자의 겨드랑이 털을 보게 되었는데 그만 그 털을 보고 성적으로 이끌렸다라고 말을 했습니다.

이처럼 남자의 겨드랑이 털을 보고 반해서, 성적으로 이끌려서 그 털이 많은 남자에게 들이대는 경우도 있습니다. 성적인 취향도 정말 가지각색인 것 같습니다.

이처럼 정욕적인 눈을 뜨고 조건적으로 마음에 드는 사람을 사랑하게 되면 그녀의 사랑은 언젠가 실패로 끝나게 됩니다. 왜냐하면 하나님이 그런 사랑을 원하시지 않기 때문에 하나님이 끝내십니다. 자기 눈에 좋은 사랑을 하게 되면 자기의 눈이 멀게 됩니다. 우리는 우리의 눈을 감고 하나님의 눈으로 세상을 바라보아야 합니다. 나의 눈은 단순하지만 하나님의 눈은 입체적이기 때문입니다. 입체적으로 봐야 실수하지 않습니다.

03 | 하나님이 보시기에 좋은 사람을 고르십시오.

하나님의 눈에 좋은 사랑을 하십시오. 하나님의 눈에 좋은 사랑을 하게 되면 나의 마음의 눈이 열려 상대방의 마음을 제대로 볼 수 있는 눈이 생기게 됩니다. 상대방의 마음을 볼 줄 아는 사랑을 해야 행복한 사랑이며 영원한 사랑입니다. 그런 사랑을 하게 해달라고 기도합시다.

"이는 세상에 있는 모든 것이 육신의 정욕과 안목의 정욕과 이 생의 자랑이니 다 아버지께로부터 온 것이 아니요 세상으로부터 온 것이라"(요한일서 2:16)

보통, 사람들은 자신들의 환경이 어렵고 힘들 때 더 많은 욕심을 부리게 됩니다. 보상심리가 있기 때문입니다. 하지만 힘들 때는 기도해야 합니다. 그리고 자신이 행복할 때 행복한 사람을 만날 수 있습니다. 그렇기 때문에 자신의 행복을 키워나가야 합니다.

지시형(주도형)은 성공할 때 행복합니다. 사교형은 남에게 인정을 받을 때 행복합니다. 우호형은 다른 사람에게 사랑을 받을 때 행복합니다. 분석형은 진리를 탐구하며 자신의 고민을 해결 할 때 행복해 합니다. 이처럼 우리는 상대가 누구인 줄 알고 접근해야 합니다.

지시형의 사랑을 받고 싶다면 그 사람의 성공을 도우십시오. 사교형의 사랑을 받고 싶다면 사교형을 칭찬하고 인정해 주시고 그 사람의 말을 잘 들어주십시오. 사교형은 수다쟁이이기 때문입니다. 우호형의 사랑을 받고 싶다면 우호형을 케어해주고 보살펴 주십시오. 분석형의 사랑을 받고 싶다면 책을 많이 읽고 똑똑한 모습을 보여주십시오. 사랑의 5가지 언어처럼 사람 마다 자신이 사랑을 받고 있다고 느끼는 점이 다 다릅니다. 어떤 사람은 선물을 받을 때 사랑을 느낍니다. 어떤 사람은 스킨쉽을 할 때 사랑을 느낍니다.

이처럼 지시형은 자신이 무엇인가를 선택할 수 있도록 허락하며 자신을 잘 따라오는 순종적인 여자를 좋아합니다. 사교형은 자신이 인정 받을 때 사랑을 받는다고 느낍니다. 제가 사교형입니다. 제가 쓴 글에 좋은 댓글을 달아주시면 행복합니다. 우호형은 누군가의 보살핌을 받을 때 사랑을 느낍니다. 분석형 여자는 자신에게 많은 좋은 지식을 제공해 줄 때 거기서 사랑을 느낍니다.

분별력을 가져야 좋은 사람을 잘 보고 잘 판단할 수 있습니다. 배고프고 우울할 때는 쇼핑을 자제해야 합니다. 그처럼 배고프고 힘들 때는 누가 사귀자고 제안이 들어와도 심사숙고해야 합니다. 그래야 큰 사고를 치지 않습니다.

2. 정욕적인 이상형 리스트

"네 마음에 그의 아름다움을 탐하지 말며 그 눈꺼풀에 홀리지 말라 음녀로 말미암아 사람이 한 조각 떡만 남게 됨이며 음란한 여인은 귀한 생명을 사냥함이니라 사람이 불을 품에 품고서야 어찌 그의 옷이 타지 아니하겠으며 사람이 숯불을 밟고서야 어찌 그의 발이 데지 아니하겠느냐 남의 아내와 통간하는 자도 이와 같을 것이라 그를 만지는 자마다 벌을 면하지 못하리라"(잠언6: 25-29)

01 | 정욕적인 이상형 리스트를 불사르라!

몇몇 남자들의 이상형이 적힌 글들을 들어보면 그 글들이 자극적이고 세상적임을 저는 깨닫게 됩니다. 하지만 그들은 그런 짝을 만나는 것이 자신이 당연히 누려야 할 권리인 것 마냥 이야기합니다. 하지만 우리는 조심스럽게 자신의 이상형이 하나님의 이상형인지 살펴봐야 합니다.

몇몇 형제들이 섹시하고 이쁜 여자만을 추구합니다. 그들의 이상형 목록을 보면 잠언에 나오는 '음녀의 이미지'가 떠오르기까지 합니다.

섹시함에 집착하지 마십시오! 집착은 집요한 착각의 줄임말입니다. 집착은 집요한 착각을 불러옵니다. 그러니까 제발 세상적인 가치관에 집착하지 맙시다.

우리는 사람의 외모만을 볼 것이 아니라 내면을 잘 볼 수 있어야 합니다. 당신이 이성의 외면만을 고집하다가 당신도 외면을 당할 수 있습니다.

그래서 우리는 사람을 외모로 판단할 때 요한복음 7장 24절 말씀을 읽고 잘 묵상하고 잘 결단해야 할 것입니다.

"외모로 판단하지 말고 공의롭게 판단하라 하시니라"(요한복음 7:24)

인간은 자신이 접해보지 못한 모든 것에 대해 막연한 두려움을 가진 나약한 존재입니다. 그래서 그 두려움을 해결하고자 자신만의 상상을 하며 자신에게 편한 이상형을 만듭니다. 그런데 그 이상형이 하나님을 대신하는 우상이 되어버립니다. 그들은 우상에 집착하며 안정감을 누립니다. '이상형'이 어느 순간 '우상형'으로 변질되는 것입니다.

이런 그들의 모습은 꼭 아이들이 장난감에 집착하며 안정감을 누리는 것과 같습니다. 어른들이 볼 때 아이들이 장난감 하나에 목숨을 거는 일이 어리석어 보일 수 있습니다. 그 장난감을 가지고 논다고 밥이 나오는 것도 아니고 떡이 나오는 것도 아니기 때문입니다. 그렇습니다. 우리들 중에는 아직도 성인이지만 아이와 같은 의식수준을 가진 사람들이 많이 있습니다.

그리하여 '성인아이'로서 자기가 조종할 수 있고 다루기 쉬운 장난감과 같은 존재를 짝으로 찾는 사람들이 있습니다. 심하게 말하면 자기가 헌신해야할 상대를 찾는게 아니라 자신의 '장난감'을 찾는 사람이 있습니다. 특히나 성적인 '성인 장난감'과 같은 이성을 이상형으로 삼는 사람도 있습니다.

아이가 장난감을 가지고 놀다가 뾰족한 모서리에 찔려 상처를 받을 수도 있습니다. 아이는 자신이 믿었던 장난감에 대해 심한 배신감을 느낍니다. 그리고 울면서 그 장난감을 집어 던집니다. 쓰레기통에 던집니다. 이와같이 우리 청년들 중에 그리고 우리 어른들 중에는 자신에게 상처를 준 여성상이나 남성상에 대해 트라우마를 가지고 있는 경우가 있습니다. 그래서 "이런 이런 사람은 안된다"라는 고정관념을 가지게 됩니다. 그래서 돈은 많고 삶에 불편한 것이 없는 사람들은 비혼으로 살면서 결혼은 하지 않고 조금더 가지고 놀기 편한 장난감과 같은 이성친구를 사귀며 쉽게 질리면 또 버리기도 합니다. 안타까운 일입니다.

명심하십시오. 우리는 장난감처럼 내 손에서 가지고 놀기 쉬운 편한 사람이 아니라 우리를 변화시키는 사람을 만나야 합니다.

02 | 튼튼한 '사랑의 집'을 세우는 '사랑의 두 기둥'

튼튼한 사랑이라는 집을 세우기 위해서는 두가지 기

둥이 필요합니다. 하나의 기둥은 책임이며 하나의 기둥
은 누림입니다. 그 두가지 기둥이 다 있어야 번개와 소
나기를 피할 수 있는 '사랑의 지붕'을 올릴 수 있는 것
입니다.

그럼 사랑의 두가지 기둥은 무엇입니까?

사랑의 두 기둥은 '책임지기'라는 기둥과 '즐기기'라는
기둥으로 구성이 됩니다. 그렇습니다. 온전한 사랑은
책임지기와 즐기기가 동시에 수반되는 사랑입니다. 그
런데 양극단에 치우친 사람들이 있습니다. 상대방에게
잘못이 있는데도 불구하고 자신이 모두다 책임을 지려
는 사람입니다. 그 사람은 책임만 지려는 사람입니다.
건강하지 못한 사랑입니다.

그 반대로 즐기기 위해서만 여자를 농락하는 늑대도
있습니다. 그런 사람들은 사랑의 기둥 중에서 '누림'(즐
기기)이라는 기둥만을 세운 사람입니다.

안타까운 일은 요즘에는 사랑을 누리는 것만큼 책임
을 지는 사람을 찾기 힘든 시대라는 것입니다. 많은 사
람들이 사랑을 함에 있어서 책임을 지기 싫어합니다.
책임은 지지 않고 즐기려고만 합니다. 그게 바로 원나

잇스탠드(처음 만난 날 바로 섹스하기)입니다.

　이런 악한 세상에서 우리의 순진한 아이들은 세상의 것을 함부로 누리면 안됩니다. 하나님의 뜻 안에서 세상을 지혜롭게 누릴 때 우리의 아이들이 세상을 마음껏 누빌 수 있습니다. 점점 더 많은 사람들이 자기의 이익을 위해서 아이를 낳지 않고 삶을 즐기기만 하려고 합니다. 안타까운 일입니다. 명심하십시오. 진정한 사랑은 책임과 즐김이 동시에 나타나야 한다는 것입니다.

3. 합당한 배우자 기도법을 배우자!

"이는 다 이방인들이 구하는 것이라 너희 하늘 아버지께서 이 모든 것이 너희에게 있어야 할 줄을 아시느니라 그런즉 너희는 먼저 그의 나라와 그의 의를 구하라 그리하면 이 모든 것을 너희에게 더하시리라"(마태복음 6:32,33)

01 │ 합당한 배우자 기도법

하나님이 보시기에 합당한 배우자 기도는 어떤 기도일까요?

하나님이 원하시는 기도는 하나님께 순종하는 기도입니다. 좀 이해가 안가시는 이야기일 수도 있습니다.

하지만 저는 사랑하는 마음이 생겨서 아내랑 결혼한 것은 아닙니다. 하나님이 결혼을 하라는 말씀을 마음의 귀에 들려 주셔서 저는 결혼을 결심했습니다. 저의 아내도 저와 마찬가지입니다. 우리 부부는 사랑을 해서 결혼을 한 것이 아니라 결혼을 하고 나서 사랑을 하게 되었습니다. 이처럼 하나님이 강압적인 인도하심으로 결혼으로 인도되는 경우도 있습니다. 제가 20세때부터 밥을 먹기 전에 "하나님! 저에게 합당한 사람을 주세요!"라고 짧고 굵게 겸손하게 기도했기 때문에 하나님은 저에게 가장 잘 맞는 배우자를 주신 것입니다.

이렇게 사랑이 없어도 하나님의 명령이라면 순종할 때 하나님은 복된 가정을 세우십니다. 물론 저의 특별한 간증이기 때문에 이 간증이 모두에게 적용되는 것은 아닙니다. 되도록 아름답게 연애를 하다가 결혼을 하십시오.

그래도 명심하십시오. 내가 세상적인 조건을 따져 보았을 때 원하지 않는 배우자감이라고 할지라도 '혹여나 하나님께서 원하시면 그 뜻에 순종하겠습니다'라고 고백하며 자신을 내려놓고 결혼이라는 쓴 잔을 마셔야 할 때도 있습니다. 하지만 그 순종을 통해 하나님은 그 가정을 통해 하나님의 나라를 확장하실 것입니다.

결혼의 겟세마네 동산에서 "아버지여. 이 자매를 내게서 지나가게 하소서. 하지만 내 뜻대로 마시고 아버지의 뜻대로 하옵소서"라고 기도함이 십자가를 지는 삶입니다.

그렇다면, 구체적 기도제목을 가지고 기도하는 것이랑 그저 하나님께 맡기는 배우자 기도랑 어떤 기도가 더 하나님 뜻에 맞는 기도일까요? 물론 둘 다 하나님의 뜻일 수 있습니다. 하지만 자신의 욕심으로 구하는 기도라면 문제가 있습니다. 배우자를 만나는 목적이 자신의 유익이 아닌 배우자의 유익이며 또한 하나님 나라의 확장이라면 문제가 없습니다.

우리가 어떤 제품을 삽니다. 그런데 좋아서 샀는데 쓰고 보니 마음에 들지 않습니다. 그래서 반품을 합니다. 이처럼 우리의 생각과 눈은 어리석습니다. 그래서 나를 가장 잘 아시는 하나님께 나의 짝을 보내달라고 기도해야 하는 것입니다. 무슨 제품을 고르듯이 눈에 보기 좋다고 아무나 만나서 결혼을 하지 마시기 바랍니다. 많이 위험합니다.

그렇습니다. 내가 구원 받은 것도 하나님의 은혜인데 그 이상 더 구하는 세상적인 욕심으로 가득찬 구체적인 기도는 인간의 욕심이 들어가기 쉬운 기도입니다. 자신 보다 믿음이 좋은 사람과 결혼하겠다는 것이 어쩌면 자신의 욕심일 수도 있다는 사실을 우리는 알아야 합니다. 자신이 신앙생활을 편하게 하기 위해 서로 자신보다 신앙의 정도가 강한 사람과 결혼하려한다면 마땅한 배우자감을 찾는데 어려움이 있을 것입니다. 소위 말하는 초신자라고 할지라도 내가 사랑으로 섬기고 양육한다면 그 일을 하나님께서는 더 기뻐하십니다.

02 | 이기적 결혼관 vs 성경적 결혼관

제가 결혼 상담을 하면서 만났던 몇몇분들의 문제점들을 정리해 보았습니다. 그들은 다음과 같은 잘못된 결혼관을 가지고 있었습니다.

1) 기복주의적인 배우자 찾기

기복주의적인 결혼관을 가진 사람들은 또한 미신적

신앙을 가지고 있습니다. 점쟁이를 찾아가서 자신의 소원을 비는 사람들의 모습을 보면 크리스천들이 하나님 앞에서 기도하는 모습 보다 훨씬 더 진지합니다. 그런데 우리는 그런 미신을 믿는 사람들을 신앙인이라고 말하지 않습니다. 그렇다면 미신과 신앙의 차이는 무엇입니까? 쉽게 말해 미신은 그 미신을 믿는 사람은 변하지 않고 그대로입니다.

하지만 참된 신앙은 그 신앙을 믿는 사람의 변화를 요구합니다. 미신과 기복주의 신앙은 오로지 신을 달래고 변화시켜 자신에게 복이 떨어지길 기도하는 것입니다. 그러나 그리스도인은 하나님을 변화시키려 하지 않고 하나님의 말씀을 통해 자신을 변화시키려 합니다.

이와같이 우리들 중에는 미신적인 배우자상을 가지고 있는 사람들이 있습니다. 자신의 단점은 변화시키지 않으면서 그저 하나님께 높은 수준의 이상형을 배우자로 달라고 요구합니다. 자신의 단점은 고치지 않으면서 하나님께서 주시는 단물만 쏙 빼먹으려고 합니다. 제발 하나님을 우습게 여기지 맙시다.

"스스로 속이지 말라 하나님은 만홀히 여김을 받지 아니하시나

니 사람이 무엇으로 심든지 그대로 거두리라 자기의 육체를 위하여 심는 자는 육체로부터 썩어진 것을 거두고 성령을 위하여 심는 자는 성령으로부터 영생을 거두리라"(갈라디아서 6:7-8)

여기서 "만홀히 여기다"라는 뜻은 무심하고 소홀히 여김을 가르킵니다. 또한 원어로 살펴보면 '코웃음치다'라는 뜻도 있습니다. 우리는 은혜로 구원을 받았습니다. 하지만 우리의 성화까지 모두 다 은혜만으로 완성되는 것은 아닙니다. 우리는 우리의 욕심을 버리고 하나님의 마음으로 변화되어가는 삶을 살아야 합니다.

욕심은 우리의 육신을 상하게 하는 주범이다. 욕심은 우리의 영성을 상하게 하는 주범입니다. 욕심으로 구하면 우리에게 주시지 않는다고 하셨습니다.

"또 기도할 때에 이방인과 같이 중언부언하지 말라 그들은 말을 많이 하여야 들으실 줄 생각하느니라 그러므로 그들을 본받지 말라 구하기 전에 너희에게 있어야 할 것을 하나님 너희 아버지께서 아시느니라."(마태복음 6:7,8)

하나님은 우리의 아버지이십니다. 아버지는 자식이

달라고 하기 전에 주십니다. 하나님은 우리가 구하지 않아도 해와 공기를 우리에게 비추어주십니다. 하나님은 우리에게 필요하신 것은 반드시 주십니다. 다만 우리가 우리의 욕심 때문에 하나님이 주시는 것을 받지 못하는 것입니다.

2) 신비주의적인 배우자 찾기

또한 우리가 주의해야 할 기이한 결혼관은 신비주의적인 결혼관입니다. 어떤 학교 기숙사에 나이가 들어 결혼을 빨리하고 싶어하는 여자 사감선생님이 계셨습니다. 그래서 그녀는 이렇게 기도했습니다.

"하나님 아버지! 이번에 새롭게 남자 사감선생님을 뽑는다고 합니다. 이번에 새로 들어오는 총각 사감선생님이 오시면 하나님께서 보내주신 짝인 줄 알고 감사하며 교제하도록 하겠습니다."

그녀는 새로온 남자 사감선생님이 자기 소개를 한다고 하니 기대에 부풀어 있었습니다. 하지만 새로온 사감은 유부남 사감이었습니다.

"안녕하세요 저는 새로온 사감입니다. 저는 결혼을

했고 아들이 한명 있습니다."

　그녀는 하나님이 원망스러웠을 것입니다. 하지만 하
나님이 잘못 된게 아니고 그녀가 잘못 된 것입니다. 너
무 신비주의적인 경험을 추구했던 것입니다. 그녀는 총
각이 아니라 결혼을 한 유부남 사감이 온 것을 알게 된
이후 실망을 했고 그 유부남 사감을 괴롭히기 시작했습
니다.

3) "혼자의 힘으로 할 수 있다"라는 교만한 배우자 찾기

　자기의 의지만을 가지고 결혼을 하려고 합니다. 하나
님의 은혜를 구하지 않습니다. 도무지 기도를 하지도
않고 자기 노력만으로 결혼을 하려고 합니다. 그러면
기도로 결혼을 준비하지 않은 믿음이 부족한 배우자를
만나게 됩니다. 자기 얼굴이랑 자기 실력만 믿고 교만
한 미혼청년은 하나님이 원하시는 결혼을 이루기가 힘
이 듭니다.

4) 게으른 배우자 찾기법

　"저는 첫 이성친구랑 결혼을 하고 싶습니다."

"저는 한방에 사귀고 그 첫사랑과 결혼을 하고 싶습니다."

우리는 '게으른 배우자 찾기법'을 버려야 합니다. 많은 형제자매들이 "저는 처음 교제하는 사람과 결혼을 하고 싶습니다"라고 이야기를 합니다. 너무나 안일한 생각입니다.

이런 사람들도 있습니다. 자신에게 관심을 가지는 이성을 한두번 만났을 뿐인데 대뜸 타이밍을 맞추지 못하고 "형제님! 저는 결혼을 전제로 형제님을 만나고 싶습니다."라고 이야기를 하는 잘못을 범하는 조급한 사람도 있습니다. 그래서 많은 형제들이 그 자매에게 마음은 있는데 만남에 부담을 가지게 됩니다.

하나님께 인생의 가장 중요한 일인 결혼에 대해 맡기지 못하고 교만하여 자신의 지혜로 하려고 하기 때문에 일을 그르치는 것일 수 있습니다. 자매로 부터 너무 현실과 괴리가 있는 이야기를 들은 형제는 그 자매의 안일함과 무모함에 혀를 내두르게 됩니다. 결혼은 이상이 아니라 현실입니다.

4. 신분 상승 vs 신앙 상승

당신은 신분 상승을 위해서 결혼을 하십니까? 아니면 당신은 신앙 상승을 위해서 결혼을 하십니까?

제가 많은 미혼 청년들을 만나서 물어 보는 것이 있습니다.

"어떤 사람이랑 결혼하고 싶으십니까?"

청년들은 믿음이 좋은 사람과 결혼하고 싶다고 말합니다. 그런데, 야곱은 사기꾼이었고 라헬은 아버지의 우상을 훔치는 날라리 신앙인이었습니다. 그런데도 하나님은 야곱에게 라헬을 품으라고 말씀하십니다. 하나님은 초신자인 야곱을 이스라엘로 변화시키십니다. 야곱에게 새로운 이름을 주십니다. 여러분은 야곱이고 라헬입니다. 하지만 하나님은 여러분을 믿음의 사람으로 변화시킬 것입니다. 하나님은 선과악을 판단하는 나무의 열매를 먹지 말라고 했습니다.

사탄은 우리가 그것을 먹으면 하나님처럼 된다고 말했습니다. 사탄의 말이 맞습니다. 우리는 종종 남을 판단하며 하나님의 자리에 올라가서 선과악을 판단합니다. 성경은 우리에게 판단하지 말라고 말합니다. 하나님만이 제대로 판단할 수 있습니다. 하나님이 보내주시면 누구든지 품고 감사하며 함께 교제를 먼저 시작해봅시다. 나머지는 하나님께 맡깁시다! 남을 판단하며 하나님 노릇을 하는 교만한 사람에게 하나님은 좋은 짝을 허락해 주시지 않습니다.

우리는 상대방의 믿음을 제대로 판단할 수가 없습니다. 오직 하나님만이 바른 믿음을 판단할 수 있습니다.우리는 함부로 다른 사람의 믿음을 판단합니다. 그래서 "저 사람은 믿음이 좋다"라는 판단은 잘못된 판단입니다. 우리는 다른 사람의 믿음을 함부로 판단할 수 없습니다.

우리는 우리 눈에 '믿음'이 좋아 보이지 않는 사람과
도 교제를 할 줄 알아야 합니다. 그래야 우리의 마음이
예수님의 마음을 이해할 수 있습니다. 예수님은 죄인과
세리들을 멀리하지 않으셨습니다. '구약의 거룩'은 더
러운 것을 피하는 거룩이었습니다. 하지만 예수님께서
실천하신 '신약의 거룩'은 '공격적인 거룩'이었습니다.

예수님은 더러운 세리와 죄인의 무리 속으로 들어가
서서 그 더러운 곳을 정화시키셨습니다. '신약의 거룩'
은 더러운 것을 피하는 거룩이 아니라 더러운 곳에 공
격적으로 들어가서 그 더러운 것을 정화시키는 거룩이
바로 우리가 실천해야 할 '신약의 거룩'입니다. 여러분
도 예수님처럼 더러운 무리 속에 들어가서 그 더러운
무리를 변하시키는 사역을 시작하시기 바랍니다. 연애
도 사역이고 연애도 예배임을 잊지 마십시오!

5. 보이지 않는 것이 더 소중합니다.

"See! the unseen!"이라는 말이 있습니다. "보이지 않는 것을 보라"는 뜻입니다. 그렇습니다. 우리는 보이지 않는 것을 볼 줄 아는 영적인 믿음의 눈이 있어야 합니다.

"기록된 바 하나님이 자기를 사랑하는 자들을 위하여 예비하신 모든 것은 눈으로 보지 못하고 귀로 듣지 못하고 사람의 마음으로 생각하지도 못하였다 함과 같으니라"(고린도전서 2:9)

01 | 하나님은 우리를 사랑하십니다.

그래서 우리가 눈으로 보지 못한 더 좋은 것을 주십니다. 그래서 하나님은 우리가 귀로 들어보지도 못한 더 좋은 짝을 주실 것입니다. 좋은 짝이란 영적으로 나를 성장시켜 줄 짝을 의미합니다.

하나님은 성령의 사람을 나의 짝으로 붙여주실 것입니다. 우리는 우리 마음에 맞는 사람을 찾습니다. 하지만 그것은 잘못된 것입니다. 왜냐하면 하나님이 우리를 위해 예비하신 것은 우리의 마음으로 생각하지 못했다라고 오늘 고린도전서 2장 9절 말씀은 증언하고 있기 때문입니다. 그러니까 우리 마음에 맞는 배우자가 아니라 하나님 마음에 합한, 하나님 마음에 맞는 배우자를 달라고 기도해야 합니다.

우리는 죄인입니다. 죄인은 탐심을 가지고 있습니다. 그래서 욕심이 가득한 정욕적인 기도를 드릴 때가 많이 있습니다.

물론 구체적인 기도가 모두다 꼭 이기적인 기도로 변질되는 것은 아닙니다. 하지만 시간이 지나도 응답이 없고 자신 안에서 하나님을 향한 원망이 생긴다면 자신

의 뜻을 내려놓는 결단도 중요합니다. 이기적인 기도
는 나보다 더 큰 계획을 가지고 계신 하나님의 무한한
가능성을 나의 불완전한 지식과 머리로 제한할 수 있기
때문입니다.

02 | 다음과 같이 겸손하게 기도합시다!

"주님. 주님이 세상에서 저의 사정을 가장 잘 아시는
분이시지요? 그래서 주님께 모든 것을 맡깁니다. 세상
사람들은 사정사정해도 저의 사정을 잘 들어주지 않습
니다. 하지만 하나님께서는 저의 사정을 다 알고 계시
니 감사드립니다. 하나님 아버지! 하나님께서 저를 보
시고 저에게 가장 합당한 사람을 주세요. 제가 좋아하
는 사람이 아닌 저의 부족한 인성이나 성격을 성장시켜
줄 사람을 붙여주세요. 나를 있는 모습 그대로 사랑해
주는 하나님의 사람을 만나게 해주세요. 두 사람이 만
나 하나님의 일꾼으로 함께 서게 해주세요!"

03 | 배우자를 위한 궁극적인 기도법

내 생각을 내려 놓고 하나님의 생각을 나의 머리 속

에 탑재해야 합니다. 나의 머리를 자르고 예수님의 머리를 나의 몸에 끼워 넣어야 합니다. 내가 죽어야 예수님이 내 안에 사십니다. 그래야 예수님의 생각으로 생각할 수 있습니다. 예수님의 지혜가 나의 머리 속에 임할 때 나는 비로소 하나님의 뜻을 드러내는 의인의 삶을 살 수 있는 것입니다.

지금의 어려운 환경에 대해서 불평을 하기 전에 주위 사람들에게 친절한 말 한 마디를 더 하시기 바랍니다. 남을 행복하게 만들어야 나도 행복해질 수 있습니다. 당신의 주위에 있는 사람들에게 미소라도 한번 더 짓고 사십시오. 왜냐하면 당신의 '주위에' 있는 사람을 섬기는 것이 '주 위해' 사는 것이기 때문입니다.

Chapter

06

야곱과 라헬 결혼법

JACOB
RACHEL
DATING

1. 기다림의 미학

인생은 기다림의 연속입니다. 인생은 지난한 줄다리기의 연속입니다. 당신은 지금 무언가를 기다리십니까? 당신은 지금 기다림에 지쳐 쓰러지려고 하십니까? 하나님의 때를 기다리시며 하나님을 신뢰하시기 바랍니다. 당신을 위한 짝을 주실 것입니다. 당신을 위한 때와 기회를 주실 것입니다.

생각이 없이 믿음이 없이 감정에 따라서 서두르지 마시기 바랍니다. 일을 그르치게 됩니다. 조급해하지 마시기 바랍니다. 기다리지 못하는 것은 하나님을 신뢰하지

못하기 때문입니다. 정말 중요한 일이라면 당신이 조급
해 하지 않아도 하나님께서 당신에게 말씀해 주십니다.
하나님을 신뢰하지 못하기에 하나님의 음성을 듣지 못
하는 것입니다.

사무엘 선지자를 기다리지 못했던 사울처럼 되지 마
세요. 하나님의 마음에 합한 다윗처럼 되세요. 하나님
보다 먼저 행동하지 마세요. 먼저 액션을 취하지 마세
요.

사람을 의지하지 마세요. 하나님을 의지하세요. 사람
들이 당신을 떠나도 하나님만 의지하세요 그분을 믿으
세요. 눈 앞에 보이는 것은 왜곡된 현실입니다.

세상의 환상에 현혹되지 마세요. 눈에 보이는 것에
좌우되는 사람은 항상 흔들립니다. 상황에 따라 흔들립
니다. 하지만 하나님의 진리를 믿는 자는 흔들리지 않
습니다.

이직을 하려고 하십니까? 하나님의 뜻을 먼저 구하
시기 바랍니다. 그리고 조금만 인내하시고 참으시길 바
랍니다. 하나님의 뜻을 발견한 후에 그곳을 떠나도 늦지
않습니다. 하나님의 뜻은 내가 섬기는 곳에서 예수님의

모습을 드러내는 삶을 보여주는 것입니다.

나를 영웅으로 만들어 줄 다른 곳이 있다고 생각하십니까? 세상 어디에도 그런 곳은 없습니다. 지금 자리에서 최선을 다하세요. 하나님의 때를 기다리세요. 상황과 기분에 따라 들썩들썩거리지 마세요. 머리 아프게 이런저런 계획을 세우지 마세요. 내가 더 잘 나갈 수 있는 길을 찾아 계획을 세우지 마세요. 하나님을 신뢰하시고 그분의 음성에 귀기울시고 순종하세요.

하나님의 마음을 헤아리세요. 하나님은 당신을 선택하셨어요. 버리지 않으세요. 제발 하나님을 버리고 세상을 따라가지 마세요. 눈에 보이는 것보다 눈에 보이지 않는 것이 더 중요하고 더 영원한 것입니다.

"다만 이뿐 아니라 우리가 환난 중에도 즐거워하나니 이는 환난은 인내를, 인내는 연단을, 연단은 소망을 이루는 줄 앎이로다"(로마서 5:3-4)

2. 찾아야 주십니다!

제가 쓴 '기다림의 미학'이란 글처럼 하나님의 때를 기다리십시오. 하지만 하나님의 때가 왔다라고 생각이 된다면 구하고 찾으십시오!

당신을 위해 하나님은 당신의 배필을 예비하시고 계시기 때문에 당신은 그저 감나무 밑에서 감 떨어지기만 기다리듯이 당신의 짝이 나타나 나와 결혼해 주기만 기다려야 할까요? 아닙니다. 하나님의 예비하심도 믿으면서 동시에 당신은 더 적극적으로 자신의 배필을 찾기 위해 자신을 훈련하고 노력해야 합니다.

하나님이 원하시는 결혼을 이루기 위해 100% 기도와 100% 행동과 순종이 필요합니다. 결혼정보회사도 좋습니다. 중매결혼도 좋습니다. 찾으십시오! 그런데, 요즘 젊은 아이들은 중매결혼이 인간적이지 않기 때문에 연애결혼을 해야한다고 말합니다. 또한 상대를 알기 위해 동거도 해보야 하고 속궁합도 알아보아야 한다고 말합니다. 심지어 교회를 오래 다니고 있는 중직자의 딸도 그렇게 이야기 합니다. 안타까운 일입니다.

01 | 하나님은 우리를 로봇으로 만드시지 않으셨습니다.

하나님은 우리에게 자유의지를 주셨습니다. 하나님의 지혜로 자신에게 맞는 배우자를 찾기를 원하십니다. 구약에서 이삭, 야곱, 에서에게 이방여인을 맞이하지 말라고 하나님은 말씀하셨습니다. 하지만 하나님과 부모에게 순종하지 않은 자는 자기 눈에 보기에 좋은 이방여인과 혼인하였습니다. 그런데 그런 자들은 끝내 하나님을 떠나 타락했습니다.

이와 같이 우리는 분별력이 필요합니다. 결단이 필요합니다. 지혜로운 선택이 필요합니다. 우리는 믿음이

'바른' 사람인지 자기 자신부터 잘 살펴 보아야 합니다. 자신이 믿음이 안 좋으면서 믿음이 좋은 사람을 구하면 안됩니다. 우리는 믿음이 좋아보이는 사람이 아닌 진정으로 믿음이 '바른' 사람과 결혼해야 할 것입니다. 왜냐하면 믿음이 좋아보이는 사람이 바리새인이나 율법주의자처럼 외식에 빠진 사람일 수 있기 때문입니다. 그래서 기도해야 합니다.

02 | 기도도 하고 분별도 해야 합니다.

그저 '하나님 저에게 좋은 배필을 보내주시옵소서.'라고 기도만 하고 분별을 하지 않는다면 잘못된 사람과 결혼할 수 있습니다. 또한 믿음이 아닌 세상적인 조건만을 가지고 믿지 않는 사람과 결혼한다면 에서와 같은 우를 범하게 될 것입니다. 에서처럼 유리하며 방황하게 될 것입니다. 우리가 자기 욕심에 빠져서 세상적으로 유리한 것만 찾다가는 에서처럼 합당한 짝을 찾지 못하고 유리 방황 할 수도 있습니다.

명심하십시오. 100%의 기도와 100%의 행동이 만나 300%의 행복한 만남을 이룰 수 있습니다.

3. 야곱과 라헬 결혼법

"야곱이 라헬을 위하여 칠 년 동안 라반을 섬겼으나 그를 사랑하는 까닭에 칠 년을 며칠 같이 여겼더라"(창세기 29:20)

야곱은 라헬과 결혼하기 위해서 7년을 일했는데 또 삼촌인 라반에게 속아서 또 7년을 라헬을 위해서 일을 하게 됩니다. 성경은 예수님에 대해서 전하는 책입니다. 성경은 도덕책이 아닙니다. 성경의 이야기와 비유는 거의 대부분 예수님과 십자가에 대해서 말씀하는 것입니다. 그러니까 비유를 예수님의 관점에서 풀어야 합니다. 창세기 29장 20절 말씀은 야곱이신 예수님께서 마귀에게 속아서 세상의 종노릇을 하며 아버지의 우상인 드라빔까지 훔치는 죄인된 라헬인 우리를 구원하시기 위한 열심을 보여줍니다.

예수님은 라헬인 나를 구원하시기 위해 열심히 일하셨습니다. 성경에서 7은 완전을 뜻하는 수입니다. 그런데 야곱은 7년을 일하고도 또 7년을 더 일해서 라헬과 결혼을 했습니다. 그처럼 예수님은 우리를 온전히 구원하시기 위해 십자가에 달려 돌아가셨습니다. 예수님은 당신을 사랑하십니다. 당신이 라헬과 같이 부족한 신앙을 가지고 있다 할지라도 당신을 조건없이 사랑하십니다. 왜냐하면 당신은 신랑되시는 예수님의 신부이기 때문입니다.

01 | 사랑하는 사람과 예수님을 만나는 과정은 비슷합니다.

갑자기 한번에 사랑하여 결혼하는 경우가 있는 반면 여러번 아픔을 겪고 많은 사람을 만나 결혼하는 경우도 있습니다. 신앙생활에 있어서도 사울이 바울된 것처럼 갑자기 회심하여 신앙이 성숙되는 경우가 있는 반면 천천히 성화되는 경우도 있습니다.

우정이 군불이 되어 점점 뜨거워지고 사랑으로 승화되어 결혼하는 커플이 있는가하면 사도바울이 갑자기 예수님을 다메섹으로 가는 길에 만나 하나님을 만난 것처럼 단숨에 소위 필(feel)이 통해 사랑에 빠지고 결혼하는 경우도 있습니다.

02 | 성경적인 결혼의 3가지 유형

성경에 나타난 결혼의 유형은 3가지입니다. 우리도 이 3가지 가능성에 대해 마음을 열어 놓아야 배우자 만남의 확률이 더 높아질 것입니다. 우리의 좁고 둔탁한 생각으로 하나님의 가능성을 제한하지 맙시다.

이 시간 성경에 나오는 [3가지 유형의 배우자 찾기 방법]에 대하여 소개하고자 합니다.

1) 하나님께서 아담을 잠들게 하시고 하와를 이끌어 오셨습니다.

아담은 한 일은 없습니다. 다만 하나님이 아담을 잠

재웠습니다. 그것은 인간의 욕심을 잠재웠음을 뜻합니다. 아담은 하나님을 신뢰했습니다. 아담이 잠에서 깨었을 때 하와를 만나게 되었고 한눈에 자신의 배필임을 깨닫게 되었습니다.

2) 이삭은 늙은 남종의 중매로 리브가를 만났습니다.

곧 중매 결혼입니다. 결혼을 하기 위해 제 3자의 도움을 외면하지 말길 바랍니다. 절대로 중매결혼이라고 하여 연애결혼보다 인간적이지 못한 결혼이 아닙니다. 하지만 중매결혼을 하려면 주위 사람들에게 평판이 좋아야 합니다. 그래야 중매도 들어옵니다.

3) 야곱이 노력하여 라헬을 얻었습니다.

곧 연애결혼입니다. 그런데 한국교회는 연애결혼의 성경적인 방법에 대해서 구체적으로 잘 청년들에게 가르쳐 주지 못했습니다. 노력하지 말고 그냥 기도하라고만 했습니다. 그래서 교회 안에서 노총각과 노처녀가 넘쳐나는 것 같습니다. 야곱이 중간에 삼촌과 레아에게 속았지만 그것은 자신의 교만과 얄팍한 계산적 인간상을 돌아볼 수 있는 시기였습니다. 그래서 자신의 약점을 알게 되었고 회개하고 자신을 업그레이드 시킬 수 있는 복된 기회였습니다.

03 | 한국교회의 이성교제 강의 돌아보기

지금까지 한국교회는 대체로 첫번째 케이스를 제일 많이 강조했습니다. 기도만하면 배우자가 생긴다는 논리였습니다. 하지만 '구하라. 찾으라. 두드리라.'라는 예수님의 말씀을 간과했습니다.

그래서 저는 3가지 유형 중에 세 번째인 야곱과 라헬의 결혼 유형을 적극 추천합니다. 노력합시다. 이성을 성경적으로 만나면 예수님과 순결한 신부인 우리와의 관계가 어떠해야하는지 묵상할 수 있는 좋은 계기가 됩니다.

4. 결혼 = 남자 모노레일 + 여자 모노레일

〈여기서 잠깐. 철도용어 해설 : 철도 침목이란? 〉 철도 침목의 역할은 레일을 서로 체결하여 레일의 위치를 정하고, 궤간을 정확하게 유지하며, 레일로부터 전해지는 열차의 무게를 땅 아래로 널리 분산시키는 역할을 합니다.

01 │ 성령 하나님이 함께 하시는 교제를 추구하십시오.

하나님이 함께 하지 않으시면 알몸으로 두 남녀가 함께 붙어있어도 서로 함께 있다고 느끼지 못합니다. 하지만 성령님이 두 남녀 사이에 함께 하시면 내가 우주 서쪽 끝에 거하고 그녀가 우주 동쪽 끝에 거해도 서로가 서로를 위해 기도할 때 두 사람이 함께 있다고 느끼게 됩니다.

이제 마지막으로 하나님께서 예비하신 배필을 만나는 법을 비유로 소개하고자 합니다. 우리 크리스천들은 어떻게 배필을 찾아나서야 할까요? 이제 사랑의 기차여행을 함께 떠나도록 합시다. 하나님께서 원하시는 이성교제와 결혼을 위한 모노레일 비유에 대해 설명을 하고자 합니다. 모노레일(단선 철도)이 다른 모노레일을 만나는 것이 결혼입니다.

02 | 짚신도 짝이 있듯이 기차의 레일도 짝이 있습니다.

미혼청년들은 또 하나의 모노레일을 찾아 나서야 합니다. 우리는 자신과 맞도록 만들어진 또 하나의 레일(짝)을 찾아서 여행을 떠나야 합니다. 많은 크리스천들이 하나님께서 예비하신 배필을 찾기 위해 수많은 만남을 가지고 있습니다. 하지만 그런 만남 중에 세상적인 쾌락만 추구하는 만남이 있고 하나님께서 기뻐하시는 만남도 있습니다. 우리는 우리의 영적 성장에 도움이 되는 만남을 가져야 합니다. 하나님의 사역을 더 효과적으로 하기 위해 결혼을 하는 것이기 때문입니다. 왜냐하면 우리는 하나님의 영광을 위해 창조되었기 때문입니다.

03 | 이 시간 사랑과 결혼을 철도 레일에 비유하여 설명을 하고자 합니다.

먼저 '모노레일(단선 철도)=싱글'이라는 공식을 잘 기억하시길 바랍니다. 이제부터 왼쪽 레일은 결혼 전의 한 남자를 의미한다고 가정하도록 하겠습니다. 왼쪽 레일인 남자는 오른쪽 레일인 여자를 만나서 결혼을 해야 합니다. 또한, 크리스천의 결혼은 단지 자신들의 이익을 위해서 결혼하는 것만은 아닙니다. 우리는 하나님의 영광을 위해 창조되었기에 하나님이 원하시는 결혼을 해야 합니다. 하나님께서 결혼을 하나님의 영광을 위한 수단으로 사용하시기에 우리는 하나님의 나라를 확장시키는 결혼을 해야 합니다.

명심하시기 바랍니다. 우리는 하나님의 일을 더 잘하기 위해서 결혼하는 것입니다. 그렇기 때문에 비전이 같은 사람과 결혼을 합시다.

왼쪽의 '모노레일'은 남자입니다. 그리고 오른쪽의 '모노레일'은 여자입니다. 남자레일과 여자레일이 만나서 한 세트로 구성되는 복선철도(더블레일)을 이루게 됩니다. 모노레일 두개가 만나 11자 모양의 복선철도를 완성하게 되는 것입니다. 쉽게 말해 복선철도는 우리들이 통상적으로 이야기하는 지하철이나 KTX 기차가 다니는 두 개의 모노레일로 이루어진 '철길'을 의미하는 것입니다.

아래 사진을 보면 세로의 왼쪽의 모노레일과 세로의 오른쪽의 모노레일 사이에 가로의 침목이 연결이 되어 있습니다. 침목은 날마다의 말씀 묵상을 의미합니다.

아래 사진처럼 모노레일 둘이 침목을 통해 연결된 것이 복선철도입니다.

그렇습니다. 모노레일인 내가 또 다른 모노레일을 만나는 것이 결혼입니다. 나와 그녀가 말씀의 침목을 통해 결합하여 함께 결혼을 하게 될 때 하나님의 '선교의 열차'를 이끌고 나갈 복선 레일 세트가 되는 것입니다. 결혼을 통해 더 큰 하나님의 일을 하기 위해 우리는 또 다른 모노레일을 찾아야 합니다.

04 | 우리들 각자 각자는 모노레일입니다.

모노레일이 홀로 있을 때는 단지 관광용으로만 쓰이

는 기차를 끌게 됩니다. 그렇기 때문에 모노레일은 활용적인 측면에 있어서 복선레일보다 활용도가 떨어집니다. 그렇기 때문에 다 그런 것은 아니지만 싱글 때(모노레일로 혼자 남아있을 때)에는 대부분 하나님의 큰일을 하기에 역부족인 경우가 많이 있습니다.

그렇습니다. 우리 혼자서는 하나님의 작은 일을 할 수 밖에 없습니다. (물론 아닌 경우도 있음을 밝힙니다. 독신으로 하나님의 큰 일을 한 경우도 많으니까 말입니다. 대표적으로 사도바울의 예를 보면 하나님께 붙잡힌 독신이 얼마나 훌륭한 제자가 될 수 있는지를 알 수 있습니다) 하지만 대체적으로 많은 사람들은 결혼을 통해 더 큰 하나님의 일을 감당하게 됩니다.

우리 각자는 기차를 이끄는 모노레일이라고 말씀드렸습니다. 잘 기억하시기 바랍니다. 모노레일 홀로 있는 것 보다는 남자 모노레일과 여자 모노레일이 서로 하나님을 사이에 두고 만나 한 세트(set)로 구성된 더블레일이 되어야 합니다. 경부선 철도처럼 복선철도(더블레일)가 되어야 그 양쪽의 모노레일 위로 하나님의 복음을 싣고 달리며 영혼을 구원하는 '구원의 열차'가

달리게 되는 것입니다. 상상만 해도 하나님께 찬송을 돌리게 됩니다. 그렇습니다. 남자와 여자는 복선철도를 이루는 각각의 모노레일입니다.

그렇습니다. 하나님의 비전을 함께 공유한 두 사람이 만나야 하나님의 '선교의 열차'를 운행시킬 수 있는 더블 레일(복선 철도)이 됩니다. 앞으로 나오는 이야기는 지금 이 글을 읽고 있는 분이 결혼 전의 청년이라면 '복선 철도'를 이성교제를 하고 있는 커플로 이해하면서 글을 이해하면 될 것입니다. 반대로 이글을 읽고 있는 분이 결혼을 하신 분이라면 '복선 철도'를 '부부'로 이해하면 될 것입니다.

레일을 튼튼히 고정시키기 위해서는 '침목(나무받침)'이 필요합니다. 말씀의 침목을 촘촘하게 위치시키고 땅에 단단히 은혜의 못으로 말씀의 침목을 박아야 합니다. 날마다 박아야 합니다. '침목'이란 날마다의 큐티를 의미합니다. 매일 매일의 말씀묵상이 두 부부의 모노레일을 단단한 침목으로 고정시켜 줄 것입니다. 침목이 규칙적으로 박혀있어야 복선철도 세트가 든든해지고 흔들리지 않게 됩니다.

5. 행복할 때 결혼을 하세요.

01 | 우리는 행복할 때 배우자를 선택해야 합니다.

나의 뜻을 내려놓고 하나님의 뜻 앞에서 항복을 해야 행복해 질 수 있습니다. 결혼은 신분상승의 계기가 아니라 신앙상승의 계기가 되어야 합니다. 당신의 사랑의 계기판은 지금 세상을 향해 있습니까? 아니면 하나님의 심장을 향해 있습니까?

02 | 결혼은 행복할 때 해야 합니다.

하나님 안에서 하나님의 말씀으로 내가 행복해 할 수

있어야 합니다. 내가 행복할 때 행복한 사람을 만날 수 있는 것입니다. 그래서 우리는 나 자신이 행복할 때 나의 배우자를 골라야 합니다. 그렇습니다. 결혼은 행복할 때 해야합니다. 그래야 사람을 잘 고를 수 있습니다. 왜냐하면 행복하지 않을 때 외로울 때 의지할 대상을 배우자로 삼다보면 옳지 않은 결혼을 할 수 있기 때문입니다.

많은 딸들이 "아버지와 같은 남자랑 결혼을 안한다"라고 말을 합니다. 그런데 나중에 보면 술주정뱅이 아버지와 비슷한 남자랑 결혼을 합니다. 그 이유는 아버지의 폭력이나 술버릇은 익숙하기 때문입니다. 사람들은 여러번 고통을 당하면 그 고통에 무감각해집니다. 그래서 판단력이 흐려집니다. 그래서 예측하기 불가능한 고통을 선택하기 보다는 예측이 가능한 익숙한 고통을 선택하는 것입니다. 최악이 두려워 차악을 선택하는 것입니다. 그래서 자기가 싫어하는 아버지 같은 남자를 만나는 것입니다.

우리도 잘못된 만남을 경험할 수 있습니다. 우리가 우울하고 불행할 때 더 큰 불행이 우리에게 닥칠 수 있습니다. 특히나 여자가 우울할 때 불순한 의도로 다가오는 남자를 조심해야 하는 것입니다. 반대로 남자도 마찬가지입니다.

부모가 보여준대로 자식은 배웁니다. 좋은 모습을 보여주어야 좋은 모습을 배웁니다. 그래서 좋은 모습을 소유한 배우자를 만나게 됩니다. 훌륭한 아버지를 둔 딸은 훌륭한 남자친구나 남편감을 고를 확률이 높습니다. 존경하기 힘든 아버지를 둔 딸은 존경하기 힘든 형편 없는 남자친구나 남편감을 고를 확률이 높습니다. 왜냐하면 사람들은 자기에게 익숙한 존재에게 친근함을 느끼기 때문입니다.

사람들은 예측이 안되는 고통보다는 내가 이미 겪어보았던 익숙한 고통을 선택할 것이기 때문입니다. "우리 엄마도 나쁜 남자인 아빠를 만나서 고통 당했는데 그래도 잘 살았는데 나도 그런 나쁜 남자를 만나도 괜찮다"라고 생각을 합니다. 그래서 얼굴이 잘생긴 돈이 많은 조폭과 결혼을 하게 되는 것입니다. 그렇기 때문에 폭력에 익숙해지지 마시기 바랍니다. 폭력에 저항을 하시기 바랍니다.

03 | 자신감이 있을 때 신랑감을 찾으시기 바랍니다.

배우자 찾기도 타이밍이 중요합니다. 자신감이 있을 때 결혼을 서두르시기 바랍니다. 나이가 들어갈수록 외모에 대한 자신감이 없어집니다. 그래서 소심해지고 그래서 다른 사람에게 자꾸만 연애의 기회를 빼앗기게 됩니다. 그러면 더 안달이 나고 안달이 나면 더 조급해지게 됩니다. 그러면 더 일을 망칩니다. 결혼적령기를 넘길수록 얼굴에 조급증이 나타나기에 소개팅을 나가도 상대가 우리의 조급증을 보고 우리를 마음에 들지 않게 됩니다.

결혼적령기를 넘길수록 내가 결혼하고 싶은 사람의 행동 하나 하나에 과도한 의미를 부여합니다. 눈에 보이는 현상에 의미를 부여하지 말고 현상을 현상 그대로 보시기 바랍니다. 눈에 보이는 현상을 영적으로 해석합시다. 조금 좋은 일이 생겼다고 과대망상에 빠지지 말길 바랍니다. 조금 나쁜 일이 생겼다고 절망하지 말길 바랍니다. 어떤 현상에 의미를 부여하지 말길 바랍니다. 공상에서 벗어나시기 바랍니다. 공상에 빠져 있는 궁상맞은 사람과는 함께 공생할 수 없습니다.

04 | 결혼은 하나님이 시켜주시는 것입니다.

결혼은 나의 노력으로 하는게 아니라 하나님의 은혜로 이루어지는 것입니다. 결혼은 '내'가 하는게 아닙니다. 행복한 결혼은 내 힘으로 되는게 아닙니다. 행복한 결혼은 하나님께서 시켜주시는 것입니다. 하나님이 시키시는데로 나의 욕심을 내려놓고 하나님의 나라를 확장하기 위해 열심히 노력해야 합니다. 그러면 반드시 하나님의 때에 하나님의 방법으로 하나님의 사람을 만나게 해주십니다.

05 | 성경적인 남자가 됩시다!

성경에서 남자라는 단어의 뜻이 무엇인지 아십니까? 바로 남자라는 단어는 원어적으로 보면 "여자에게 말을 걸다"라는 의미를 가지고 있습니다. 또한 "여자"라는 단어는 "남자의 말에 반응하다"라는 의미가 있습니다. 그러니까 우리나라의 남자들은 성경적인 남자와 거리가 멀 수 있습니다. 왜냐하면 집에 들어와서 아내에게 "자기야! 집에서 잘 지내고 있었어?"라고 남편이 아내에게 말을 먼저 걸지 않기 때문입니다. 여자에게 먼저 안부를 물어보는 남자가 자상한 남자이고 그게 성경적인 남자의 모습입니다.

아담이 하와에게 다정하게 먼저 말을 걸지 않았기 때문에 사탄이 하와에게 먼저 말을 걸게 된 것입니다. 그리고 선악과를 먹으라고 유혹한 것입니다. 사실 선악과를 먹지말라는 이야기를 들은 사람은 아담 혼자뿐입니다. 하와는 하나님께 그 말을 들은 적이 없습니다. 결국 아담이 하와에게 "자기야! 우리 가정예배를 드리자"라고 말을 걸었어야 했었습니다. 그리고 그 예배 가운데 "자기야! 하나님이 말씀하셨는데 동산 가운데 있는 선악과 나무의 열매를 먹지 말라고 그랬어!"라고 하나님의 말씀을 하와에게 전해주었어야 했었습니다. 그런 하나님의 말씀이 없는 하와에게 사탄이 유혹을 한 것입니다.

그렇습니다. 우리 각자 각자가 영적인 신랑이 되시는 예수님과 잘 어울리는 영적인 신부가 되어야 합니다. 신랑되시는 예수님을 꼭 붙잡아야 마귀와 실랑이를 벌이지 않게 됩니다. 그렇습니다. 우리는 이 땅에서의 가정을 천국의 모형으로 가꾸어 갈 수 있습니다. 하나님 안에서 남자다운 남자로서 충만하게 삽시다. 아내에게 다가가 소통합시다. 소통하지 않으면 누군가의 기분이 소통과 같이 더러워 집니다. 소통하지 않으면 언젠가 그 가정에 고통이 임하게 됩니다.

06 | 사랑은 나무와도 같습니다.

나무의 나뭇가지는 모두다 하늘을 향해 자랍니다. 그리고 하나님을 찬양합니다.그렇습니다. 우리의 사랑도 하나님을 향해 자라야 합니다.세상을 바라보지 않고 하나님의 형상을 가진 인간으로서 하나님의 심정을 느끼고 하나님의 마음을 볼 수 있어야 하나님을 닮은 자녀로 자랄 수 있습니다.

그런데 나무는 거꾸로 자라지 않습니다.우리의 사랑도 땅을 향해서 자라나면 안됩니다. 땅의 것을 추구하지 말고 하늘을 바라보며 하늘을 향해서 자라나야 합니다.

만약 우리의 사랑이 쾌락을 향해 거꾸로 자라면 반드시 세상이 우리를 거꾸러 뜨릴 것입니다. 하나님의 뜻을 이루기 위해 당신이 하늘의 것을 포기하지 않으면 하나님도 절대로 당신을 먼저 포기하지 않으십니다.

6. 내 양을 먹이라!

"세 번째 이르시되 요한의 아들 시몬아 네가 나를 사랑하느냐 하시니 주께서 세 번째 네가 나를 사랑하느냐 하시므로 베드로가 근심하여 이르되 주님 모든 것을 아시오매 내가 주님을 사랑하는 줄을 주님께서 아시나이다 예수께서 이르시되 내 양을 먹이라"(요한복음 21:17)

예수님은 제자인 베드로에게 예수님의 양을 먹이라고 명령하고 계십니다. 그런데 우리도 예수님의 제자입니다. 그런데 우리는 예수님의 참된 제자가 되어야 합니다. 우리에게도 우리가 양육해야 할 어린 양을 하나님이 맡겨주셨습니다.

01 | 이성친구를 양육하는 만남

사실 저의 아내는 목회에 대해서 잘 모르는 사람이었습니다. 저도 물론 잘 모릅니다. 그래서 저희 부부는 결혼 초기 3년까지는 서로의 견해차이로 많은 어려움을 겪었습니다. 아내는 목회자에 대해서 좀 과장된 표현일 수 있지만 '화장실도 안가는 사람' 정도로 신비롭게 생각하고 있었습니다. 저는 목회에 대해서 잘 모르고 있는 아내를 볼 때 답답했습니다. 그래서 저는 아내에게 '목회자와 사모의 역할과 사명'에 대해 가르쳤습니다. 한마디로 제가 아내를 '양육'한 것입니다. 하지만 '나중 된 자가 먼저 된다'는 말씀처럼 지금은 아내가 저보다 더 하나님과 가까운 사이가 되었습니다. 아내는 종종 저에게 빠른 길이 아니라 바른 길을 제안하는 아름다운 돕는 배필입니다.

그렇습니다. 우리는 습관적으로 믿음이 좋은 사람과 결혼하고 싶다고 이야기를 합니다. 하지만 믿음이 좋은 형제라면 신학생인 경우가 대부분입니다. 그런데 신학생은 만나기를 싫어합니다.

그럼 누구를 만나야 합니까? 자매들은 만나는 남자친구가 불신자이거나 초신자라 할지라도 잘 가르치고 잘 양육해야 합니다. 내가 양육하면 서로의 신앙색깔이 같아지기 때문에 신앙적인 차이로 싸울 일은 없어집니다. 그러니까 내가 상대방을 양육함으로 나 자신의 신앙색깔과 유사한 사람으로 상대방을 새롭게 만드는 것이 더 순탄한 결혼 생활을 위해서 지혜로운 일입니다.

02 | 믿음이 좋은 사람끼리 만날 필요가 뭐가 있습니까?

믿음이 좋은 사람이 믿음이 부족한 사람을 만나서 양육을 하는 것이 하나님 나라 확장을 위해서 더 필요한 것입니다. 고지론이 다 잘못된 것은 아니지만 고지론이 미혼청년들의 눈을 고지 꼭대기까지 높여 놓은 것 같습니다. 다시 말씀 드리지만 결혼은 신분 상승의 계기가 아니라 신앙 상승의 계기가 되어야 합니다. 고지론이 고지라(일본 괴물) 같이 눈만 높아가지고 소개팅에서 자기 수준에 안 맞는 사람을 만나면 불을 뿜는 고질적인 연애 괴물을 만들었습니다. 제 생각이지만 하나님이 보시기에 믿음 좋은 사람 둘이 만나는 것 보다 믿음이 좋은 사람이 흩어져서 불신자(초신자)에게 복음을 전하고 양육하고 제자를 삼는 것이 더 좋을 것입니다.

03 | 믿지 않는 불신자라면 전도한 후에 교제를 해야 합니다.

우리는 우리를 위해 희생하시고 십자가에 달리셔서 우리를 품어주신 예수님의 희생적인 사랑을 본받아야 합니다. 창녀와 같은 고멜까지도 사랑했던 구약의 호세아는 신약의 예수님을 상징하는 예수님의 그림자와 같은 인물이었습니다. 우리는 자신의 이성친구가 하나님을 더 잘 알 수 있도록 품어줄 수 있는 멘토와도 같은 이성친구의 역할을 포기하지 말아야 합니다.

04 | 십자가를 지는 만남

희생과 고난이 필요한 십자가와 같은 만남이 진행된다 할지라도 그것이 하나님의 뜻이라면 순종해야 합니다. 하나님이 허락하신 그 만남이 나 자신을 성숙시키고 하나님 나라를 넓히는 일이라면 힘써 그 교제를 지켜나가야 합니다. 예수님의 십자가 사랑을 본받아 우리는 '편한' 신앙생활에 안주해서는 안됩니다. 세상을 변화시켜야 합니다. 하나님의 영광을 드러내지 못하는 세상에 안주하는 삶은 하나님이 기뻐하지 않으십니다. 이성교제와 결혼에 있어서도 예수님의 희생과 섬김을 본받아야 합니다.

05 | 신앙에는 수준이라는 것이 없습니다.

신앙에는 수준이라는 것이 없습니다. 수준이 있는 사람과 결혼한다라는 것은 어불성설입니다. 신앙에는 수준이 없습니다. 다만 신앙의 여러 단계가 있을 뿐입니다. 자신의 신앙 단계에 대해서 교만하지 않고 더 낮은 단계에 있는 사람들을 섬기고 양육하는 제자가 되어야 합니다. 제자리에 머물러 있으면 제자가 될 수 없습니다. '믿음이 좋지 않다'라는 말로 상대방을 낮추어 부르지 말고 그대신 '믿음 생활에 훈련이 더 필요하다'라는 말을 쓰길 바랍니다. 부정적인 언어를 사용하면 내가 마땅히 상대방에게 가져야할 호감이 삭감될 수도 있음을 명심해야 합니다. 밝은 면을 볼 때 복된 교제의 길이 밝게 열릴 것입니다.

06 | 사역자와 헌신녀가 이루어지기 힘든 이유

교회나 선교단체에서 사역자(간사)와 헌신녀가 잘 이루어지지 않는 경우가 많이 있습니다. 그 이유는 사역자는 헌신녀에게 일을 시키기 때문에 관계 중심이 아닌 일 중심의 만남은 사랑을 불러일으키기기 어렵습니다. 그래서 두 사람이 잘 이루어지지 않는 것입니다. 또한 교회에서 헌신을 열심히 하는 청년들이 교제를 해서 깨질까봐 그래서 서로 헤어져서 교회를 떠날까봐 이성교제를 금지하는 교회가 꽤 있습니다. 안타까운 일입니다.

또한 '헌신하면 하나님이 짝을 다 알아서 주신다'라는 잘못된 생각 때문에 수동적인 연애관이 교회 헌신녀의 결혼을 막고 있습니다. '헌신'을 하고도 헌신짝처럼 버림을 받는 경우가 있어서는 안 될 것입니다. 이런 잘못된 비성경적인 주장들은 과거에 부흥사들이 조장한 말이었습니다. 그들은 집안일을 뒤에 두고 부흥회에 참석한 여성도들에게 이렇게 말했습니다.

"하나님을 위해서 헌신하면 하나님께서 가정을 다 책임져 주십니다. 믿쑵니까?"

    교회는 부흥했을지 모르지만 남편의 뜻에 부응하지 못해서 이혼을 당한 여자 성도들도 있습니다. 하나님은 교회를 먼저 세우시기 전에 부부라는 제도를 먼저 세우셨고 가정이라는 제도를 먼저 세우신 것입니다. 그러니까 가정도 지키고 믿음도 지켜야 하는 것입니다. 가정은 하나님이 지켜주시는 것이 아니라 내가 지켜야 하는 것입니다.

7. 연애는 자동차 여행, 결혼은 기차 여행

연애와 결혼의 차이점을 모르고 있으면 성공적인 연애와 결혼을 하기 힘이 듭니다. 연애를 결혼처럼 하고 결혼을 연애처럼 하면 반드시 실패하게 되어 있습니다. 그래서 연애와 결혼의 차이점을 자동차 여행과 기차 여행으로 설명하고자 합니다.

01 | 연애라는 자동차 여행 vs 결혼이라는 기차 여행

자동차 여행의 장점은 어디든지 자유롭게 갈 수 있다는 것입니다. 반면에 기차 여행은 철로를 따라서 정해

진 길을 가야합니다. 연애는 자동차 여행 같아서 자동차 안에서 방귀를 끼든 트림을 하든 무엇을 하든 두 사람의 자유입니다. 하지만 결혼은 기차 여행과 같습니다. 그래서 두 사람의 가족들이 기차 칸에 모두 함께 탑니다. 왜냐하면 결혼은 가문과 가문과의 만남이기 때문입니다. 그래서 기차 안에서 방귀를 끼면 그리고 시끄럽게 떠들면 같은 칸에 있는 어르신들이 눈치를 줍니다. 마찬가지로 결혼을 하면 양가 부모님의 잔소리를 들어야 할 때가 많이 있습니다. 그 문제로 두 부부가 다투게 됩니다.

02 | 유턴 할 수 있는 연애 vs 유턴 할 수 없는 결혼

다시 한번 말씀드리지만 연애는 자동차 여행입니다. 그래서 길을 잘못 가면 유턴을 하면 됩니다. 하지만 결혼은 철로를 달려야 하기 때문에 유턴을 하지 못합니다. 결혼을 잘못하면 그 기차 칸에서 바로 내릴 수도 없습니다. 다음 역까지 기다려야 합니다. 그렇게 이혼은 쉽지 않습니다. 연애는 계획없이 차를 타고 바로 출발할 수 있지만 결혼은 기차 여행이라서 반드시 목적지를 정해놓고 미리 기차표를 예약해야 합니다. 그래서 기차 여행은 신중해야 합니다. 내가 부산을 가려고 하는데 기차를 잘못타서 광주광역시로 가는 기차를 탔다면 빨리 내리고 싶지만 그럴 수 없습니다. 그러니까 결혼 여행은 준비가 많이 필요한 여행입니다. 연애 여행은 자동차 여행과 같기 때문에 길을 잘못 들었다면 유턴이 가능합니다. 하지만 기차여행은 유턴(이혼)이 불가능하니 신중하게 생각하시기 바랍니다.

03 | 평등한 연애 vs 불평등한 결혼

연애는 가진 자나 못가진 자나 별로 데이트의 모습이 차이가 나지 않습니다. 그래서 연애는 부익부 빈익빈의 모습이 그렇게 확연히 드러나지 않습니다. 하지만 결혼이라는 여행은 차이가 납니다. 나는 돈이 없어서 무궁화호를 타는데 누구는 돈이 많아서 KTX를 맨날 타고 다닙니다. 결혼은 그렇게 상대적 박탈감을 느끼게 합니다.

04 | 좋아함과 사랑함의 차이

당신은 좋아함과 사랑함의 차이를 아십니까? 아이스

크림을 좋아하는 사람은 있어도 아이스크림을 사랑하는 사람은 없습니다. 좋아하는 것은 좋아하는 대상을 그냥 좋아하는 것이고 사랑하는 것은 사랑하는 대상을 위해 목숨을 바치는 것입니다. 아이스크림을 위해서 목숨을 바치는 사람은 없습니다. 하지만 사람을 위해서 목숨을 바치는 사랑은 있습니다. 그러니까 좋아하는 사람과 결혼을 하지 말고 사랑하는 사람과 결혼을 하시기 바랍니다.

왜냐하면 결혼은 정동진으로 가는 기차 여행이기 때문입니다. 정동진으로 가는 기차여행은 1박2일의 여행입니다. 그러니까 함께 잠을 잘 여행은 사랑하는 사람과 해야 하는 것입니다.

8. 생욕을 먹고 반성하는 나

01 | 아픈 고백

이 시대를 사는 미혼청년들은 다음과 같은 아픈 고백을 하게 됩니다. 다음은 제가 이 시대의 미혼청년이 되었다라고 가정을 하고 그들의 독백을 가상으로 작성해 보았습니다.

저는 성경말씀을 통하여 "생육하고 번성하라"는 말씀을 많이 듣게 됩니다.

그런데 초라한 싱글인 나의 모습을 바라보게 됩니다.

하나님의 은총을 받아야 하는데

자꾸만 결혼을 하지 못해서

사람들의 눈총을 받게 되는 것 같습니다.

특히나 추석 때가 되면 어른들의 추적이 시작 됩니다.

"너 이성 친구는 있니?"

생육하고 번성해야 하는데 생욕을 얻어먹고 반성을 하는 나의 모습이 참으로 안쓰럽습니다.

02 | 바른 기도만이 빠른 응답을 줍니다.

많은 미혼 청년들이 결혼에 대한 문제를 안고 있습니다. 그런데 어떻게 기도해야 하며 어떻게 배우자를 찾아야 할지를 교회에서는 잘 가르쳐 주지 않습니다. 또한 너무 기복적이고 신비주의적인 기도도 문제가 됩니다. 그래서 저는 야곱과 라헬의 데이트에 대해서 연구를 하게 되었고 구체적인 기도 보다는 "하나님! 저에게 합당한 짝을 주세요"라고 기도하는 '겸손한 기도'가 하나님 앞에서 자신의 욕심만을 구하는 '경솔한 기도'보다는 100번 낫다라는 생각을 하게 되었습니다.

너무 구체적인 기도는 나를 구제해주지 않습니다. 명

심하시기 바랍니다. 하나님을 전적으로 신뢰하지 않는 기도는 하나님께 실례를 범하는 기도입니다. 하나님은 절대 주권의 하나님입니다. 하나님은 하나님이 하시고 싶은데로 하시는 분이십니다.

03 | 지정의가 조화를 이루는 사랑을 추구하세요!

사랑은 이상이고 결혼은 현실이라고 말하는 여성들이 있습니다. 그래서 배우자에 대한 기도를 할 때 너무나 세상적인 것들만을 구하는 여성들도 많이 있습니다. 안타까운 일입니다.

반대로 너무 이상적인 사랑만을 꿈꾸는 이상한 사람들도 있습니다. 우리는 균형이 잡힌 사랑을 해야 합니다. 지정의가 조화를 이루는 사랑을 해야 합니다. 사랑을 잘하려면 지혜로워야 합니다. 지식이 있어야 합니다. 사랑을 잘하려면 감성이 풍부해야 합니다. 감정적인 요소도 사랑의 필수적인 요소입니다.

9. 당신은 40점짜리 배우자입니다.

01 | 우리의 눈에 보이는 것이 다가 아닙니다.

우리는 자기 자신과 상대의 참모습을 볼 줄 아는 사람이 되어야 합니다. 사람들은 결혼을 하면 철이 들 것이라고 말을 합니다. 그러면서 어설픈 이성친구와 결혼을 서두르라고 말을 합니다. 하지만 그건 답이 아닙니다. 분별력을 가지고 배우자를 선택해야 합니다. 왜냐하면 모든 사람이 결혼 이후에 반드시 성장을 하는 것은 아니기 때문입니다. 특히나 남자는 결혼을 해도 변하지 않습니다. 남자가 결혼이후에도 성장을 하지 못하면 송장처럼 집에서 시체놀이를 할 것입니다.

우리가 보통 이야기하기를 '남자가 아이가 생기면 착해진다'라고 말을 합니다. 하지만 그것은 정답이 아닙니다. 다 그런 것은 아닙니다. 결혼 전의 나쁜 남자는 애가 생겨도 바뀌지 않습니다. 도리어 애를 때리고 애를 먹입니다.

02 | 어떤 사람은 100점짜리 배우자를 만나는게 인생의 목표입니다.

하지만 이 세상에 100점짜리 배우자는 존재하지 않습니다. 또한 당신이 0점인데 100점짜리 남자를 만날 수는 없는 것입니다.

저의 이야기를 잘 들어보십시오. 여러분이 가지고 있는 기존의 생각은 틀렸습니다. 결혼 전의 미혼청년은 40점입니다. 40점짜리 남자와 40점짜리 여자가 만나서 80점짜리의 가정을 세우는 것입니다. 똑같은 점수끼리 만나는 것입니다. 당신이 30점짜리인 준비가 되어 있지 않은 배우자라면 당신은 30점짜리 배우자를 만나서 60점짜리 결혼을 하게 됩니다.

그러니까 당신이 50점짜리가 되기 위해서 자신의 단점을 없애기 위해 노력을 하십시오. 그래야 50점짜리 남자와 50점짜리 여자가 만나서 100점짜리 결혼을 하게 되는 것입니다. 한마디로 내가 노력한 만큼 나의 수준에 맞는 사람을 만나게 된다는 것입니다.

03 | 결혼은 입시가 아닙니다.

많은 부모들이 자식의 결혼을 꼭 입시를 치루듯이 꼭 명문대에 보내야 하듯이 명문 가문에 결혼을 시키려고 합니다. 결혼은 입시가 아닙니다. 입시 시험이라 생각하면 모녀간에 결혼에 대한 시각차로 말미암아 서로 갈등이 생겨서 모녀간에 입씨름을 하게 됩니다.

04 | 정답(짝)을 찾는 법

수능시험 5지선다 중에서 내가 정답을 알아서 찾는 경우가 있습니다. 반대로 정답을 알지 못하지만 오답을 지우다 보면 정답이 남는 경우가 있습니다. 야곱과 라헬의 연애 결혼법이 바로 그것입니다. 그러니까 우리는 기회가 있는데로 소개팅을 해야 하며 결혼정보회사도 찾아보는 것이 좋습니다. 여러 사람을 만납시다. 그리고 정답이 아니면 마음 속에서 지워 나갑시다. 그러면 이 지구상에 나의 짝인 사람, 곧 나의 정답인 사람이 하나만 남게 될 것입니다.

참고로 저는 여러 사람을 만났습니다. 그런데 저에게는 그녀들은 다 오답이었습니다. 그런데 제 아내가 저에게 정답으로 남게 되었습니다.

Chapter

07

배우자 훈련을 받읍시다!

JACOB
RACHEL
DATING

1. 중매결혼 vs 연애결혼

01 | 이삭과 리브가의 결혼

이삭과 리브가의 결혼은 제3자의 도움과 당사자들의 순종으로 이루어졌습니다. 이삭은 우물을 팔 때마다 다른 사람들에게 우물을 뺏겼습니다. 하지만 그는 우물쭈물하지 않고 다른 사람에게 우물을 양보했습니다. 그래서 하나님은 그를 축복하셨습니다. 어디를 가든 우물이 터지는 기적이 일어났습니다. 또한 리브가라는 아름다운 '우물'을 하나님의 인도하심으로 만나게 되었습니다. 그렇습니다. 우리는 하나님의 뜻대로 양보하며 살 때 복이 임하게 됩니다.

이삭과 리브가의 결혼을 보십시오. 결혼한 당사자인 이삭과 리브가는 그들의 결혼을 위해 정작 한 일이 없습니다. 오직 하나님의 인도하심과 가족들의 선택을 신뢰했습니다. 아브라함이 자신이 신뢰하는 늙은 종을 시켜서 리브가를 데려왔습니다. 그리고 아담도 하와를 만나기 전에 아담이 한 일은 하나도 없습니다. 중요한 것은 아담이 잠들었을 때 하나님께서 하와를 예비시켜 주셨습니다. 그렇습니다. 우리가 하나님 앞에서 자신의 정욕과 자만심을 잠재워야 하나님께서 우리를 위한 반쪽을 만나게 해 주십니다.

02 | 예비하신 라헬을 14년간의 노력으로 얻게 된 야곱

하나님께서 짝을 예비하신 것이 맞습니다. 하지만 인간 편에서도 그 예비하신 사람을 찾기 위해 노력해야 합니다. 또한 누구를 좋아하게 되면 상처 받고 거절당할 것을 각오하고서라도 사랑을 표현해야 합니다.

예수님도 수많은 거절을 당하셨습니다. 하지만 개의치 않으시고 우리를 사랑하셨습니다. 희생이 없는 사랑은 사랑이 아닙니다. 상처를 두려워한다면 사랑할 자격이 없는 것입니다. 슬픔도 하나님의 선물입니다. 아픔과 상처도 하나님이 주시는 귀한 기회입니다. 하나님을 새롭게 만나고 자신을 돌아보고 발전시켜나갈 수 있는 좋은 기회인 것입니다.

2. 헬라적 사고 vs 유대적 사고

　행동하는 사랑을 하기 위해서는 마음과 행동이 함께 움직이는 유대적인 사고방식을 우리의 뇌 속에 탑재해야 합니다. 우리는 헬라적인 사고를 버리고 유대적인 성경적인 사고체계를 확립해야 합니다.

01 | 우리는 어릴 때부터 헬라식의 교육을 받았습니다.

　왜냐하면 영국과 미국 등 서양의 교육 방식은 헬라식의 교육입니다. 헬라식의 교육은 우리의 마음은 가슴에 있고 우리의 생각은 머리에 있다라고 주장합니다. 또한 우리의 머리가 생각을 한다라고 가르칩니다. 하지만 그것은 정답이 아닙니다. 유대인들의 사고방식이 더 성경적인 사고 방식입니다. 유대인들은 마음이 생각하고 마음이 결단한다라고 생각합니다. 그래서 유대인들은 자신이 생각한 것을 바로 결단하고 행동으로 옮깁니다. 왜냐하면 마음이라는 한 공간 속에서 생각과 결단을 동시에 하기 때문입니다.

하지만 헬라식 교육으로 인한 사고방식은 생각은 머리가 하고 결단은 마음이 하기 때문에 머리와 가슴의 거리만큼 나의 생각이 마음까지 내려가는데 시간이 오래 걸립니다. 그래서 아내의 일을 절대로 돕지 않는 남편에게 아내가 잔소리를 하니까 남편이 말을 합니다. "여보 나의 생각은 당신을 돕고 싶은데 나의 머리와 나의 마음의 거리가 30cm라서 나의 생각이 마음까지 내려가고 있는데 겨우 1년에 1cm만 내려가네! 미안해 여보! 하지만 이제 결혼 하고 나서 30년이 지났으니까 나의 생각이 나의 마음에 다 다다르게 되었고 그래서 이제 나의 생각과 마음이 서로 소통을 하게 되었어 그래서 이제 나 설거지하러 갈게"

그렇습니다. 우리는 헬라식 사고방식이 아니라 유대식 사고방식을 우리 머리 속에 탑재하여야 합니다. 성경도 그래서 "우리의 생각을 지키라"는 말은 없습니다. 우리는 마음을 지켜야 합니다. 우리는 우리의 생각에 좋은 배우자가 아닌 하나님의 마음에 합한 배우자를 만나야 합니다.

02 | 우리는 어릴 때부터 헬라식의 교육을 받았습니다.
마음을 지키십시오!

"모든 지킬 만한 것 중에 더욱 네 마음을 지키라 생명의 근원이 이에서 남이니라"(잠언 4:23)

잠언 4:23절을 보면 우리의 마음을 지키라고 말씀하십니다. 왜냐하면 생명의 근원이 마음 속에서 나오기 때문입니다. 결혼의 근원도 우리의 마음 속에서 나옵니다.

다시 내용을 정리를 해드립니다. 헬라식 교육은 우리의 마음과 생각은 서로 떨어져 있다라고 말을 합니다.하지만 유대식 교육은 마음이 생각하고 마음이 결단을 내린다라고 말을 합니다. 그래서 유대인들이 예술과 영화업계에서 성공을 하는 것입니다. 왜냐하면 그들의 마음과 생각이 하나가 되어서 추진력이 좋기 때문입니다. 그렇습니다. 마음과 생각은 같은 공간에 있는 것입니다. 마음이 생각을 하고 마음이 결단을 내리는 것입니다. 그렇기 때문에 우리는 기도를 통하여 성령이 우리의 마음에 임재하기를 기도해야 합니다. 그래야 성령이 결단을 내리시고 성령이 우리를 움직이십니다. 성령의 이끌림을 받아 아름다운 결혼을 이루시길 기도합니다. 그래서 성경은 "마음을 지켜라 마음에서 생명이 나온다"라고 말씀 합니다.

3. 사랑의 훈련을 받읍시다!

01 | 능숙한 사랑은 자전거타기와 수영처럼 연습과 훈련이 필요합니다.

처음부터 자전거를 잘 타는 사람이 어디 있습니까? 넘어지기도 하고 상처 나기도 하지만 목표가 있고 자전거를 타고 싶은 열망이 있기에 계속 아파도 노력하는 것입니다. 그러나 자전거를 발로 구르게 되면 그 다음부터는 많이 힘을 주지 않아도 잘 굴러가게 됩니다. 관성의 법칙입니다. 처음 사랑을 하고 서로 애정이 생기는 시간까지 힘들 수 있으나 그 노력을 멈추지 않는다면 하나님 안에서 좋은 사랑을 할 수 있습니다.

처음부터 물 한번 먹지 않고 수영을 잘하는 사람이 어디있습니까? 세상말로 '물먹는' 일이 있어도 인내하며 결혼을 위해 최선을 다하시기 바랍니다.

02 | 마음과 얼굴표정 관리가 결혼 골인의 관건입니다.

상대를 물색하는 시간을 너무 많이 쓰지 마시기 바랍니다. 얼굴에 이성 친구를 사귀기 위해 안달이 나 있는 사람이 있다면 그 얼굴에 그런 조급함이 드러나게 마련입니다. 그렇다면 자매들이나 형제들이 그 불안해하는 얼굴을 보고 마음에 안 들어 할 확률이 더 높습니다. 하나님께 맡기고 내려놓고 자신이 맡고 있는 일에 최선을 다하십시오. 그리고 하나님이 보여 주시는 비전을 보고 최선을 다하십시오. 하나님께서 안달이 나셔서 같은 비전을 품은 두 사람을 하나 되게 강권하여 역사하실 것입니다. 결혼하기 전에 하나님께 구체적인 분야에서 하나님나라 확장을 위해 헌신하시기 바랍니다. 그리고 자신의 힘으로만 노력으로만 반쪽을 찾으려는 허황된 수고를 그만두시고, 모든 것을 하나님께 맡기시기 바랍니다.

하나님께 맡겼으면 또한 내가 해야 할 일은 무엇인지에 대해 기도하시기 바랍니다. 100% 기도와 100% 실천으로 우리는 하나님의 뜻을 이룰 수 있습니다. 반대로 어떻게든지 자신의 욕심대로만 반쪽을 얻고자 한다면 찾기가 너무 힘들어서 당신의 얼굴은 반쪽이 될 것입니다.

항상 어디서든지 웃는 연습하시기 바랍니다. 거울을 보고 웃음을 연습하시기 바랍니다. 웃으시기 바랍니다! 억지로라도 웃으면 몸속에 있는 암세포가 억지 됩니다. 억지로 웃는 웃음도 자연스럽게 웃을 때와 똑같은 엔돌핀이 발생한다고 합니다. 왜냐하면 웃을 때 움직이는 안면 근육이 억지로 웃을 때나 자연스럽게 웃을 때나 동일하게 움직이기 때문이라고 합니다. 억지로라도 웃으면 엔돌핀이 발생하여 우리 안의 독소들을 다 제거해 줄 것입니다.

4. 욕심을 내려놓는 훈련

    하나님 앞에서 나의 욕심을 포기할 때 하나님이 주시는 마음의 자유가 얻어집니다. 우리가 기도하다보면 나의 기도가 응답이 안 될 때가 있습니다. 그 이유는 내가 나의 정욕으로 구하고 있기 때문입니다. 나의 욕심을 포기해야 하나님이 응답하십니다. 내 손 안에 있는 500원을 포기해야 하나님이 나의 빈손에 100만원을 쥐어 주십니다. 내가 손에 쥐고 있는 것을 놓아야 하나님께서 비로소 더욱 좋은 선물을 당신의 손에 쥐어 주실 수 있습니다.

그러니까 당신의 세상적인 이상형을 포기하십시오! 하나님의 이상형이 무엇일지 고민하시고 기도하십시오! 자연의 이치는 심는 대로 거두는 법입니다. 외롭다고 우왕좌왕 이성 친구를 사귀기 위해 물색할 시간에 자신의 발전을 위해 노력하는 것이 더 좋다고 봅니다. 나의 짝이 항상 나를 보고 있다고 의식하고 동시에 하나님이 나를 항상 보고 계시다고 믿고 항상 하나님 보시기에 떳떳하게 산다면, 당신은 매력적인 사람이 될 것이며 언젠가 하나님이 예비하신 짝을 만날 것입니다.

하나님께서 나에게 허락하신 모든 것은 좋은 것이라 믿고 어떤 어려움 속에서도 모든 것에 감사하면 나의 모든 고난은 하나라도 버릴 것이 없다는 것을 믿고 승리하시는 여러분들이 되길 기도합니다. 피겨 선수인 김연아 선수를 생각해 보십시오. 고난도의 트리플 악셀을 선보이기 위해서 고난을 자처하였습니다. 그 노력을 본받아야 합니다.

5. 이 시대의 사랑을 위한 조언

    빠르게 변해 가는 이 시대를 살아가면서 생각해 보아야 할 내용들을 적어 보았습니다.

01 | 아름다운 결혼을 위해서는 많은 준비가 필요합니다.
    특히나 더욱 악해져가는 이 시대 속에서 시대의 흐름을 거슬러 올라가기 위해서는 더 많은 내공이 필요합니다. 저도 너무 준비 없이 결혼을 하다보니 결혼에 대한 심정적인 준비와 훈련이 전혀 안되어 있었습니다. 아내를 이해하지 못했고 오해가 쌓여갔습니다. 그래서 결혼 전에 결혼예비학교를 통해 하나님께서 기뻐하시는 결혼 면허증을 따는 것을 추천드립니다.

02 │ 연애 경험이 없는 사람을 만나길 원하는 사람

연애 경험이 없는 사람을 만나길 원하는 사람들이 있습니다. 어리석은 생각입니다. 그래도 첫사랑을 경험해 본 사람이 사랑의 기술이 있어서 사랑을 잘 합니다. 그러니까 연애 경험이 아예 없는 사람을 만나겠다라는 생각은 접으시기 바랍니다.

우리 주변에는 자기중심적 교제로 인해 첫사랑의 실패에 데여본 사람들이 있습니다. 그 중에 그런 이기적인 사랑을 반성하고 조금 더 다른 사람을 배려하려고 훈련하는 사람이 있습니다. 그런 사람을 만나시길 바랍니다. 과거의 실패를 거울 삼아 다른 사람을 배려하는 이타적인 사랑을 하는 자를 짝으로 찾읍시다.

03 │ 태아가 탯줄을 끊지 않고서는 성장할 수 없습니다.

혼자 살아도 하나님 안에서 외롭지 않은 사람이 결혼

을 해도 외롭지가 않습니다. 의존적인 사랑을 멈춥시다. 홀로선 남자와 홀로선 독립적인 여자가 만나는 것이 아름다운 결혼입니다. 결혼은 두 사람이 만나 홀로서는 것이 아니라 홀로선 사람 둘이 만나는 것입니다.

04 | 비교병은 우리나라 사람들의 고질병입니다.

우리나라는 다른 나라와 다르게 급격한 성장을 달려왔습니다. 그래서 내가 좋은 것을 가지고 있어도 얼마 후에는 다른 사람이 더 좋은 제품을 가지고 있는 것을 발견하고 놀라는 경험이 많습니다.

그리고 비교에 익숙해져 있습니다. 그래서 결혼에 있어서도 과도하게 자신의 배우자감을 다른 사람과 비교하게 되는 경우가 많습니다. 더 좋은 사람을 찾기 위해 찾기만 하다가 늙어버리는 사람들도 많이 있습니다. 자신이 고르려고 하지 말고 하나님께 골라달라고 나의 삶을 맡기는 사람이 지혜로운 사람입니다. 비교병은 우리나라 사람들의 고질병입니다. 제발 상대가 가져온 '혼수 상태'가 형편이 없다고 뒷목을 잡고 쓰러져 '혼수 상태'에 빠지는 어리석은 사람이 되지 맙시다.

05 | 연상녀 신드롬에 대하여

요즘들어 연상녀를 선호하는 추세입니다. 경기침체로 생활이 힘드니까 생활력이 강한 여자를 찾는 추세입니다. 그런데 어떤 여자가 생활력이 강한 여자입니까? 어떤 어려움이 있어도 기가 죽지 않고 활력이 넘치는 여자가 생활력이 강한 여자입니다.

PART

04

요일별로
기도하는
배우자 기도문

[월요일] 신실한 믿음의 배우자를 만나게 하소서

신실한 믿음을 가진 배우자를 만나게 하소서.
혼란한 세상 속에 흔들리고 왜곡된 믿음이 아닌
주님의 말씀 속에 빛나는 믿음을 가진 자를 만나게 하소서.

건강한 자를 만나게 하소서.
건강한 몸과 마음을 가져 주님이 주신 사명을 감당할 수 있는 사람을
만나게 하소서.

대화가 통하는 사람을 만나게 하소서.
그와 영적인 대화를 나눌 때 기쁨이 넘치게 하소서.
서로가 서로에게 충고와 위로의 말로 서로를 세우게 하소서.

함께 사용하소서.
그와 함께 같은 목표와 방향을 가지고 주님께 헌신하게 하소서.

화평하게 하소서.
그와 함께 결합할 때 가족은 물론 주위 사람들에게 축복을 받을 수 있
도록 도우소서.

[화요일] 성실한 사람을 만나게 하소서.

하나님! 성실한 사람을 만나게 하소서.
하나님! 신실한 사람을 만나게 하소서.
하나님을 경외하며 맡은 일에 성실되고 충실되게 일하는 사람을 만나
게 하소서.

온유한 자를 만나게 하소서.
평생 서로만을 사랑하게 하소서.
결혼의 서약을 잘 지킬 수 있는 사람을 만나게 하소서.

주님의 말씀대로 두 부모님을 공경하고
자녀를 사랑으로 품어줄 수 있는 사람을 만나게 하소서.

추진력과 포용력을 갖춘 사람을 만나게 하소서.
주님께 전부를 헌신할 수 있는 사람을 만나게 하소서.
현실에 안주하지 않고 계속 발전하길 노력하며
맡은 일을 추진력 있게 이끌 수 있는 사람을 만나게 하소서.

떨어져 있는 지금 그와 나를 주님의 선하신 길로 인도하시고
하나님께서 예비하신 그분이 지금 이 순간에도 평안하길 축복하소서.
서로가 하루 속히 만나서
서로가 서로를 알아볼 때
그리 오랜 시간이 걸리지 않게 우리의 마음을 열어주소서.

[수요일] 그 사람을 지켜주소서!

하나님! 어느 곳엔가 있을 하나님께서 정해주신 저의 짝을 지켜주소서.그가 하고자 하는 일이 힘겨워도 극복할 수 있는 힘을 주소서.자신의 인생을 밝고 활기차게 살아갈 수 있도록 도와주소서.그리고 우리가 다시 만나게 될 때 하나님의 영광을 드러내게 하소서.이 시간 각자가 서로 자신들의 삶에 충실하게 하소서.

하나님의 때에 하나님의 방법으로 하나님의 사람을 만나게 하소서.서로가 만나게 될 때에 서로를 진정 사랑할 수 있는 마음을 심어주소서.서로를 이해하고 자신보다 상대방의 마음을 챙겨줄 줄 아는 사람들이 되게 하소서.

부모를 정서적으로 물질적으로 떠나 독립된 두 사람이 만나 작지만 강한 가정을 이루게 하소서. 하나님과 사람 앞에서 부끄러움이 없는 삶을 살게 하소서. 부족한 제가 기도하지 못한 것도 하나님께서 다 합당하게 챙겨주실 줄 믿습니다.

[목요일] 영원히 함께 동행 할 배우자를 주소서

서로가 같은 소망과 같은 비전을 품길 소망합니다. 구원의 열차가 달릴
수 있는 철로를 함께 까는 부부가 되게 하소서. 순교적인 각오로 함께
선교에 매진하는 가정이 되게 하소서. 서로에게 가장 최선의 존재가 되
게 하소서. 최선의 것을 서로에게 선물로 주는 부부가 되게 하소서. 결혼
전의 순결을 간직하게 하소서

경건을 최우선의 과제로 여기게 하소서. 서로 갈등이 있더라도 갈대처
럼 흔들리며 등을 돌리지 않게 하소서. 동일한 은혜를 누리는 부부가 되
게 하소서.

힘들고 어려울 때 동일한 은혜를 사모하는 부부가 되게 하소서. 힘들고
어려울 때 함께 찬송으로 이겨내게 하소서. 중요한 일을 앞두고 함께 기
도하게 하소서. 함께 울며 함께 웃게 하소서. 제가 우주의 동쪽에 거하고
그가 우주의 서쪽에 거한다 할지라도 우리 둘 사이를 성령님께서 함께
이어주셔서 어느 곳에 있든지 서로를 위해 기도할 때 두 사람이 함께
있음을 느끼게 하여 주소서

[금요일] 저에게 합당한 배우자를 허락하여 주소서

주님!
이삭을 위해서 리브가를,
룻을 위해 보아스를 예비해 놓으셨던 것처럼
저에게 가장 좋은 사람을 준비해 놓으신 것을 압니다.

그러나 주님,
제가 아직 그 사람을 만나기에 부족하다면
저의 부족함을 알려 주소서.

하나님의 눈으로 배우자를 알아보게 하소서
하나님의 마음으로 사랑하게 하소서
하나님의 발로 나의 짝을 찾아가게 하소서
하나님의 손으로 나의 짝을 더듬어 알게 하소서
하나님의 심장으로 사랑하게 하소서

부디 저의 외로움이 괴로움으로 발전하지 않게 하소서
하나님의 때에
하나님의 방법으로
하나님의 사람을 만나서
'하하하' 웃을 수 있는 내가 되게 하소서

[토요일] 믿음 안에서 소통할 줄 아는 배우자를 주소서

1. 서로 공감하며 소통 할 줄 아는 배우자를 주소서.

   서로의 의견이 달라 갈등하는 것이 아니라, 믿음 안에서 서로를 바라보며 서로를 갈망하게 하소서. 함께 기도하며 같은 곳을 향해 무릎으로 전진하는 부부가 되게 하소서. 기도로 서로의 부족한 부분을 채워주는 부부가 되게 하소서. 신앙적인 면, 가치관, 생각하는 부분이 서로 비슷하며 서로의 부족한 점을 채워줄 수 있는 그런 배우자를 보내 주소서. 삶의 고통을 소통으로 풀 줄 아는 열린 마음을 소유한 부부가 되게 하소서.

2. 배우자의 건강을 지켜주소서.

   지금 아픈 곳이 있다면 당신의 손길로 어루만져 안수하여 치유하소서. 매일의 삶 속에서 지쳐 쓰러지지 않도록 격려의 손길로 안수하여 주시고 주께서 항상 지켜 주시길 기도합니다. 비록 세상 속에 속해 있다고 할지라도 피곤하지 않게 하소서.

3. 배우자에게 지혜를 허락 하소서.

   지혜가 넘치는 배우자를 만나길 소망합니다. 당신께서 당신의 지혜를 허락하셔서 배우자와 제가 세상 가운데 소금과 빛의 역할을 감당하게 하소서.

4. 지혜의 반석 위에 튼튼한 가정을 세우게 하소서.

   하나님의 뜻을 이루는 가정이 되게 하소서. 지혜의 입술을 통하여 우리의 자녀에게 믿음과 소망과 사랑을 온전히 전하게 하소서. 지혜의 마음을 통하여 하나님의 마음에 합한 가정이 되게 하소서.

[주일] 좋은 배우자를 발견하게 하소서

하나님 아버지! 제가 믿음의 배우자를 만나도록 인도하여 주소서. 세상적인 조건을 따지지 않게 하시고 성령충만하여 하나님의 말씀에 순종하는 제가 되게 하여 주소서. 그 사람의 어려운 현재를 보고 낙담하지 않게 하여 주시고 그 사람과 함께 하시는 하나님의 미래를 함께 바라보게 하여 주소서.

믿음과 비전이 충만한 신실한 배우자를 저에게 허락하여 주소서. 제가 상대방의 외모에 흔들리지 않게 하여 주시고 상대방의 보이지 않는 내면을 살펴볼 수 있는 영적인 눈을 주소서. 반질반질한 외면이 아닌 내면의 본질을 보게 하소서.

상대방의 재력을 보기 보다는 상대방의 잠재력을 볼 수 있는 분별력을 주소서. 상대방의 실력에만 눈이 멀지 않게 하여 주시고 상대방이 자신의 실수를 인정할 수 있는 겸손한 사람인지 잘 살펴볼 수 있게 하여 주소서. 지력뿐만 아니라 말세를 미리 내다보고 미리 미래를 준비하는 예지력을 가진 영의 사람을 만나게 하여 주소서.